essentials

essentials liefern aktuelles Wissen in konzentrierter Form. Die Essenz dessen, worauf es als „State-of-the-Art" in der gegenwärtigen Fachdiskussion oder in der Praxis ankommt. *essentials* informieren schnell, unkompliziert und verständlich

- als Einführung in ein aktuelles Thema aus Ihrem Fachgebiet
- als Einstieg in ein für Sie noch unbekanntes Themenfeld
- als Einblick, um zum Thema mitreden zu können

Die Bücher in elektronischer und gedruckter Form bringen das Expertenwissen von Springer-Fachautoren kompakt zur Darstellung. Sie sind besonders für die Nutzung als eBook auf Tablet-PCs, eBook-Readern und Smartphones geeignet. *essentials:* Wissensbausteine aus den Wirtschafts-, Sozial- und Geisteswissenschaften, aus Technik und Naturwissenschaften sowie aus Medizin, Psychologie und Gesundheitsberufen. Von renommierten Autoren aller Springer-Verlagsmarken.

Weitere Bände in dieser Reihe http://www.springer.com/series/13088

Frank Weber · Joachim Berendt

Robuste Unternehmen

Krisenfest in Zeiten des Umbruchs

Mit einem Geleitwort von
Prof. Dr. Mathias Müller,
Präsident der IHK Frankfurt am Main

Frank Weber
Beratung für Führung
Kommunikation und Wandel
weber.advisory
Idstein, Deutschland

Joachim Berendt
Berendt & Partner
Unternehmensberatung
Saarbrücken, Deutschland

ISSN 2197-6708 ISSN 2197-6716 (electronic)
essentials
ISBN 978-3-658-18134-5 ISBN 978-3-658-18135-2 (eBook)
DOI 10.1007/978-3-658-18135-2

Die Deutsche Nationalbibliothek verzeichnet diese Publikation in der Deutschen Nationalbibliografie; detaillierte bibliografische Daten sind im Internet über http://dnb.d-nb.de abrufbar.

Springer Gabler

Gedruckt auf säurefreiem und chlorfrei gebleichtem Papier

Springer Gabler ist Teil von Springer Nature
Die eingetragene Gesellschaft ist Springer Fachmedien Wiesbaden GmbH
Die Anschrift der Gesellschaft ist: Abraham-Lincoln-Str. 46, 65189 Wiesbaden, Germany

Was Sie in diesem *essential* finden können

Was macht Unternehmen robust? Angesichts vieler technologischer, gesellschaftlicher und politischer Veränderungen gewinnt diese Frage eine große Bedeutung. Wir leben in einer VUCA-Welt (volatility, uncertainty, complexity, ambiguity[1]). Hinter diesem oft verwendeten Begriff steht die Beschreibung einer vollkommen neuen Lebenswelt. In dieser können Sie als Führungskräfte oder Unternehmer nur noch bedingt einschätzen,

- wie sich Ihr Markt in den nächsten fünf Jahren entwickeln wird,
- welche Produkte dann aufgrund des technischen Fortschritts möglich sind,
- welche (branchenfremden) neuen Wettbewerber plötzlich auftauchen und
- welche Konsequenzen sich hieraus für Ihr Geschäftsmodell ergeben werden.

Stabilität ist eine Illusion – dauerhafte Veränderung die Realität. Wir müssen uns von dem tiefmenschlichen Wunsch nach Kontrolle verabschieden. So auch von der wissenschaftlichen Betriebsführung in den stabilen Welten eines Frederick W. Taylor.

Die Fähigkeiten, in dieser unsteten Welt unternehmerisch erfolgreich tätig zu sein, haben sich stark gewandelt. Es reicht nicht mehr aus, über solide Finanzen und ein gutes Produktportfolio oder einen guten loyalen Kundenstamm zu verfügen. Ausgefeilte Strukturen und Prozesse, lange Zeit ein Erfolgsmerkmal robuster Unternehmen, lähmen heute eher die Fähigkeit zur schnellen Reaktion und Anpassung. Doch was tritt an die Stelle bisheriger Erfolgsfaktoren?

[1]Unbeständigkeit mit schneller und hoher Schwankungsbreite, Unsicherheit, Komplexität sowie Viel- oder Mehrdeutigkeit.

Wir geben die Antwort aus der Perspektive von Unternehmensberatern und Hochschuldozenten, die sich seit vielen Jahren damit beschäftigen, wie man für Unternehmen Rahmenbedingungen erfolgreichen Wirtschaftens definieren und implementieren kann. Unsere Sichtweise wird von den in den Organisationen tätigen Menschen geprägt und den Rahmenbedingungen, unter denen diese erfolgreich arbeiten können. Der Zusammenhang zwischen wirtschaftlichem Erfolg und den so genannten weichen Faktoren ist in zahlreichen Studien bewiesen. So zeigte eine vom Bundesministerium für Arbeit und Soziales indizierte Studie (Leitl M., Sackmann S., 1/2010, S. 37–45), dass eine Kombination von kulturellen Dimensionen wie Identifikation, Teamorientierung, Förderung der beruflichen Entwicklung und eines fairen Miteinanders sowie Veränderungsfähigkeit einer Organisation bis zu 31 % des finanziellen Erfolgs erklären kann.

Entsprechend haben wir für dieses Buch fünf Erfolgsfaktoren definiert:

1. Unternehmenskultur – für ein starkes wertebasiertes Rückgrat des Unternehmens
2. Veränderungsfähigkeit – für schnelle und effiziente Anpassungen an veränderte Rahmenbedingungen
3. Innovationsfähigkeit – für die Gabe, in Zukunft alles richtig zu machen
4. Wissensmanagement – für die bestmögliche Nutzung des betrieblichen Wissens
5. Agile Führung – für wirkungsvolle und anpassungsfähige Führungskräfte

Der Umfang dieses *essentials* ist begrenzt und zu jedem Erfolgsfaktor ließen sich eigene Bücher schreiben. Mit diesem Band möchten wir Sie neugierig machen und Ihnen Impulse geben. Nach Albert Einstein kann man die Probleme niemals mit derselben Denkweise lösen, durch die sie entstanden sind. Wir möchten Sie ermuntern, in diesem Sinne neu zu denken und neue Wege zu gehen.

Lassen Sie sich von unseren Gedanken inspirieren. Weitere Informationen erhalten Sie unter: http://robuste-unternehmen.de

Geleitwort

Die Geschäftsmodelle der meisten Unternehmen werden eine tief greifende Transformation erleben. Dies hat unterschiedliche Ursachen. Einmal die zahlreichen technologischen Neuerungen mit den Stichworten mobiles Internet, Cloud-Technologie Big Data und signifikant erhöhte Rechner-Leistungen sowie Sharing Economy. Die Digitalisierung als sogenannte vierte industrielle Revolution wird von demografischen und sozio-ökonomischen Entwicklungen begleitet. Veränderte Arbeitsbedingungen und Flexibilisierung von Arbeitsvereinbarungen, gestiegene Lebenserwartungen und eine massiv ansteigende geopolitische Volatilität verschärfen den Anpassungsdruck der Unternehmen zusätzlich.

In der Praxis aber sind Inhalte und Vielfalt der beschriebenen Entwicklungen für viele Unternehmen noch nicht greifbar. Zahlreiche Studien belegen, der Mittelstand unterschätzt die Dynamik dieser Transformation und deren zum Teil disruptiven Auswirkungen. Manche werden nun anführen, Veränderungen und Verdrängungen von bestehenden Technologien gab es doch schon immer, und führen als Beispiele den Niedergang der Kutschen und Segelschiffe an.

Das schafft nur trügerische Ruhe und erinnert an das Kaninchen vor der Schlange. Während es früher mitunter Dekaden dauerte, bis sich neue Technologien etablierten, hat bei dieser vierten industriellen Revolution die Geschwindigkeit und Komplexität massiv zugenommen. Entsprechend schnell müssen Unternehmen reagieren. 2008 gründeten zwei kalifornische Studenten ein kleines Unternehmen zur Vermittlung von Übernachtungen – Airbnb. Es ist heute weltweit größter Anbieter von Übernachtungen und liegt mit seinem Unternehmenswert weit oberhalb von etablierten großen Hotel-Ketten. Die rasante Verbreitung des mobilen Internets beschleunigt diese Entwicklung. Während vor gut fünf Jahren gerade einmal 20 % der Weltbevölkerung ein Smartphone hatten, beträgt die Zahl heute über 80 %.

Diese Dynamik zu ignorieren wäre grob fahrlässig. Mittelständische Strukturparameter müssen auf Innovation, Transformation und Agilität umgestellt werden. Mögliche branchenfremde Konkurrenten und disruptive Technologien aus anderen Bereichen werden sonst nicht identifiziert. Notwendige Anpassungen erfolgen nur reaktiv und können nicht schnell genug vollzogen werden, da sich innerhalb des Unternehmens die dafür notwendigen Ressourcen nicht rechtzeitig mobilisieren lassen. Vormals robuste Unternehmen können schneller als je zuvor in eine Schieflage geraten.

Mit diesen Entwicklungen ändern sich auch die Bewertungsmaßstäbe für gesunde Unternehmen. Längst sind gute finanzielle Kennzahlen oder eine hohe Marktdurchdringung nicht mehr ausreichend, um als robust bezeichnet zu werden. Neue Themen gewinnen an Relevanz. Fragen von Leadership, Unternehmenskultur sowie Innovations- und Wissensmanagement entscheiden nunmehr darüber, ob ein Unternehmen gut dasteht oder nicht – vollkommen unabhängig von seiner Größe. Wandel, Veränderungen oder neudeutsch Change sind aus dem Unternehmensalltag nicht mehr wegzudenken.

Die Digitalisierung führt zu völlig neuen Geschäftsmodellen und -prozessen mithilfe digitaler Technologien. Damit hat die Digitalisierung erhebliche Auswirkungen auf die Organisation von Unternehmen, ihr Denken und ihr Handeln. IT unterstützt nicht mehr länger nur die Betriebe. IT entwirft diese neu. Dies erfordert neue Fähigkeiten und Kompetenzen – nicht nur in digitalen Technologien. Vielmehr in der Organisation, im Management und in der Führung von Unternehmen.

Dieses Buch greift das auf und bietet Unternehmern, Geschäftsführern und Führungskräften einen Kompass für den Weg zur neuen Robustheit. Die Autoren konsolidieren die Ergebnisse ihrer langjährigen Praxis zu insgesamt fünf Erfolgshebeln für robustes Unternehmertum. Empfohlen sei dieses Buch auch den Studierenden betriebswirtschaftlicher Studiengänge. Sie werden als Führungskräfte der neuen Generation in der Verantwortung sein, kommende Transformationen erfolgreich zu bewältigen.

Das vorliegende Buch wählt bewusst eine andere Perspektive. Es soll einen Überblick bieten, Sie als Leser inspirieren und auch irritieren. Ohne Inspiration und Irritation stellen sich keine Veränderungen ein.

Ich wünsche Ihnen viel Freude bei der Lektüre und den nötigen Mut, in Ihren Unternehmen neue Schritte zu wagen.

Prof. Dr. Mathias Müller
Präsident der IHK Frankfurt am Main
Frankfurt, Deutschland

Inhaltsverzeichnis

1 Erfolgsfaktor: Unternehmenskultur

Die Kultur eines Unternehmens soll erfolgsentscheidend sein? Viele Vertreter aus der ZDF[1]-Fraktion haben genau daran ihre Zweifel: Kaum fassbar, diffus, keine objektive Messbarkeit. Der Abgasskandal bei VW zeigt uns deutlich, welche Bedeutung die Unternehmenskultur für die Wettbewerbsfähigkeit und den Erfolg eines Unternehmens haben kann. Innerhalb von 2 Jahren türmen sich bislang infolge von Rechtsstreitigkeiten, Vergleichen sowie Rückrufaktionen Kosten im mittleren zweistelligen Milliardenbereich auf. Die Kultur von VW hat einen systematischen Betrug zugelassen. Dabei sprechen wir hier nicht von der „Kultur", die VW gerne in Hochglanzprospekten nach außen darstellt. Wir sprechen von der tatsächlich gelebten Unternehmenskultur. Diese repräsentiert jenes angesammelte Wissen und Denken, Empfindungen und Wahrnehmungen sowie Werte, die das Arbeiten in einem Unternehmen bestimmen. Sie kann auch als „Summe aller Selbstverständlichkeiten" gesehen werden.

In diesem Sinne verstanden, ist immer eine Unternehmenskultur vorhanden. Es gibt keine Abwesenheit von Kultur. In den meisten Fällen ist sie irgendwie da. In den Fällen, in denen sie schriftlich kodifiziert wurde, muss dieser Inhalt nicht der tatsächlichen gelebten Kultur entsprechen. Firmenchefs glauben, die von ihnen definierten Leitbilder seien im Unternehmen umgesetzt – das ist jedoch nur selten der Fall. Es gibt deutliche Schwächen in der Umsetzung. Die Normen und Werte, nach denen tatsächlich gehandelt wird, sind häufig das Resultat eines zufallsgetriebenen evolutorischen „Vorsichhinarbeitens" über einen langen Zeitraum – „Das haben wir immer schon so gemacht".

---

[1] ZDF-Fraktion: Menschen, die sich in ihren Entscheidungen vornehmlich an Zahlen, Daten und Fakten orientieren und weniger an Erfahrungen und Intuitionen bzw. Themen, die das zwischenmenschliche Miteinander bewegen.

F. Weber und J. Berendt, *Robuste Unternehmen*, essentials,
DOI 10.1007/978-3-658-18135-2_1

Die Frage ist nur, ob sich diese über lange Zeit entwickelte Kultur auch als sinnvoll und zielführend erweist. Unterstützt diese Unternehmenskultur die Positionierung bzw. die strategische Ausrichtung des Unternehmens? Zahlt sie unmittelbar auf den Erfolg ein? Viele neue Strategien versanden. Ursächlich ist häufig die mangelnde Kompatibilität von Strategie und Unternehmenskultur. Wenn das tägliche Handeln im Unternehmen von anderen Werten und Einstellungen geprägt wird als von solchen, die zum Umsetzen der Strategie nötig wären, scheitert jeder strategische Plan.

Der Gedanke über einen positiven Zusammenhang zwischen Unternehmenskultur und Unternehmenserfolg ist nicht neu. In seinem Buch „IBM – Ein Unternehmen und seine Grundsätze" beschreibt der langjährige CEO von IBM, Thomas J. Watson jr., bereits in den 1960er-Jahren den Zusammenhang zwischen der Einhaltung unternehmerischer Prinzipien und geschäftlichem Erfolg (Watson jr. Thomas J., 1966).

Watson vertritt die Meinung, dass es eine Reihe von lebenswichtigen Erfolgsfaktoren für den Fortbestand von Unternehmen gibt. Doch er zeigt sich vor allem davon überzeugt, dass Erfolg und Versagen von Unternehmen am stärksten auf die Frage zurückgeführt werden können, wie gut ein Unternehmen versteht, die Leistungsbereitschaft und Talente seiner Mitarbeiter anzusprechen.

Watson meint, dass jede Organisation, um zu überleben und Erfolg zu haben, feste Grundsätze haben muss auf der sie ihre Strategie und ihr Handeln begründet. Und er vertritt darüber hinaus die Ansicht, dass der bedeutendste Faktor für den Erfolg eines Unternehmens die Konsequenz ist, mit der es diesen Prinzipien entsprechend handelt. So wurde IBM lange Zeit nach dem folgenden Gedanken gesteuert: Respekt vor dem einzelnen, stärkste Betonung des Kundendienstes und ständiges Streben nach Überlegenheit in allen Dingen. Diese Grundsätze waren Eichmaß aller unternehmerischen Entscheidungen und bescherten dem Unternehmen erfolgreiche Jahrzehnte.

Vielleicht hätte man bei VW dieses Büchlein frühzeitig zur Hand nehmen müssen. Eine Unternehmenskultur, die Betrug nicht verhindert, vernichtet Zukunftsfähigkeit. Ideell und materiell – Das Unternehmen ist für Talente wenig attraktiv und das Geld steht nun nicht mehr für Zukunftsinvestitionen zur Verfügung.

1.1 Kulturwandel als Gestaltungsaufgabe

Uns geht es nicht um die üblichen Leitbilder mit denen i. d. R. die Geschäftsführungen ihre Sicht auf die Kultur ins Unternehmen pressen wollen. Diese Hochglanzwerke zeichnen sich vor allem dadurch aus, dass man mit ihnen einerseits wichtige Aspekte des heutigen Zusammenarbeitens im Unternehmen erhalten möchte und andererseits bestehende Defizite gezielt adressieren und beseitigen möchte. Ein „Wir gehen freundlich miteinander um" kann darauf hindeuten, dass ein kollegiales Miteinander gelebt wird und dies allen Beteiligten wichtig ist zu erhalten. Es kann aber auch bedeuten, dass der Arbeitsalltag von Respektlosigkeiten und einem rauen Ton geprägt ist und dies durch das Leitbild aufgelöst werden soll. Arbeit an der Unternehmenskultur geht anders.

Wenn nun Unternehmenskultur nicht als etwas Weiches und Unbestimmbares empfunden, sondern als Kristallisationspunkt von Leistungsfähigkeit und Erfolg verstanden werden soll, dann sollte Kultur sicht- und erlebbar gemacht und als etwas Gestaltbares empfunden werden. Unternehmenskultur lässt sich systematisch gestalten. Ein solcher Kulturentwicklungsprozess schafft Transparenz über die Leistungspotenziale einer Organisation und zeigt aber auch deren Grenzen.

Aufgrund der Komplexität ist Kulturentwicklung aber nur langfristig möglich. Ein tiefes, unausgesprochenes Grundverständnis über äußere und innere Zusammenhänge und die Einbettung des Unternehmens in sein Umfeld hat sich über lange Zeit hinweg entwickelt; so auch die Haltung von Führungskräften und Mitarbeitern. Andere Werte einer neuen Unternehmenskultur können sich nur dann etablieren, sofern sie auf Grundannahmen fußen, die dem Umfeld des Unternehmens angemessen sind. Kulturwandel ist kein einfacher und vor allem ein langwieriger Veränderungsprozess, an dessen Anfang ein Impuls steht.

Die wenigsten Unternehmen aber starten einen Kulturentwicklungsprozess aus sich heraus und auf der grünen Wiese. Regelmäßig hat der Kulturentwicklungsprozess seinen Ursprung in einer Unternehmenskrise. Scheinbar liefern nur Krisensituationen einen ausreichend starken „sense of urgency", um das eigene Verhalten in Fragen zu stellen. Bei der Lufthansa (Sackmann S., 2004, S. 73 ff.) hat beispielsweise die Golfkrise Anfang der neunziger Jahre zu einer umfassenden Neudefinition geführt, wie im Unternehmen Probleme gelöst werden, wie Mitarbeiter und Führungskräfte miteinander umgehen und wie schwierige Situationen angegangen werden. Spätestens der Nachfolger vom derzeitigen VW Chef wird ein umfassendes Kulturprogramm aufsetzen müssen, um zu definieren und auch zu etablieren, nach welchen Regeln bei VW entschieden und gearbeitet wird. Die Lektüre dieses Buches möchte Sie animieren darüber nachzudenken, sich präventiv mit der Gestaltung der eigenen Unternehmenskultur zu beschäftigen und nicht erst dann, wenn das Kind bereits in den Brunnen gefallen ist.

1.2 Unternehmenskultur sicht- und erlebbar gemacht

Unternehmenskultur als Erfolgsfaktor setzt voraus, dass die Kulturmerkmale des eigenen Unternehmens sicht- und erlebbar gemacht werden. Dass eine Basis geschaffen wird, um die kulturellen Ausprägungen besprechbar zu machen, um eine identische Perspektive zu gewinnen. Um ein gleiches Verständnis für den Handlungsbedarf und anstehende Maßnahmen zu gewinnen.

Am Anfang steht eine systematische Bestandsaufnahme der bisherigen Kultur. Diese schafft aus einem diffusen Verständnis von Führungskräften und Mitarbeitern ein klares Bild der momentan vorherrschenden Kulturmerkmale. Dabei ist es nicht ausreichend, sich lediglich in Workshops mit den sicherlich wichtigen Fragen wie „Wer sind wir?“, „Was wollen wir?“, „Wofür stehen wir?“ oder „Was ist unser Ziel?“ zu beschäftigen und die Ergebnisse in einem Brainstorming zusammenzufassen.

Vielmehr bedarf es einer systematischen Vorgehensweise mit normierten Ansätzen. Kulturanalysen sind keine Raketenwissenschaft. Nach unseren Erfahrungen sind besonders die einfachen Modelle wirkungsvoll und erlauben Kulturentwicklungsprozesse, die sich zum Erfolg führen lassen.

In diesem Buch stellen wir Ihnen zwei Modelle vor, die wir in unserer Beratungspraxis erfolgreich einsetzen. Für beide Modelle haben wir webbasierte Befragungs-Tools entwickelt, sodass auch eine größere Anzahl von Menschen im Betrieb befragt werden kann. Mit dem Modell Competing Values Framework (Cameron K., Quinn R., 2011) machen wir sichtbar, wodurch die momentane Kultur geprägt wird. Vorteil dieser Vorgehensweise ist, dass sich gleichzeitig auch eine Zielkultur erarbeiten lässt. Das andere Modell der „Organisationalen Energie“ von Prof. Dr. Heike Bruch (Bruch H., Vogel B., 2011) beschreibt die Kraft, die in einer Organisation vorhanden ist (oder eben nicht), um Dinge zielgerichtet zu bewegen.

1.3 Competing Values Framework von Cameron & Quinn

Dieser Ansatz macht Kultur grafisch sicht- und damit begreifbar. Das Modell basiert auf den beiden Dimensionen „interne versus externe Orientierung“ und „Kontrolle versus Flexibilität“. In einer Grafik ergeben sich daraus vier Kulturquadranten (Abb. 1.1), die je nach Organisation unterschiedlich stark ausgeprägt

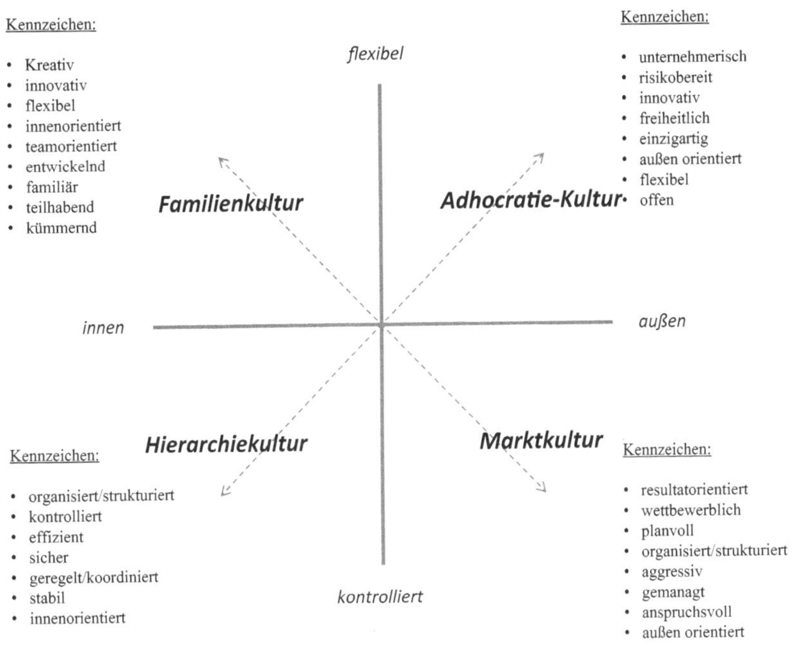

Abb. 1.1 Das Kulturmodell. (Eigene Darstellung)

sind. Eine Organisation wird nicht in allen Quadranten eine starke Ausprägung haben, denn eine überdurchschnittliche Ausprägung in einem Quadranten hat immer eine unterdurchschnittliche Ausprägung in einem oder mehreren anderen Quadranten zur Folge.

Familienkultur

Diese Kultur ist geprägt durch eine freundliche Arbeitsumgebung. Einer erweiterten Familie gleich, geben die Mitarbeiter untereinander viel von sich preis. Geschäftsleitung und Führungskräfte werden als elterliche Mentoren wahrgenommen. Zusammengehalten wird das Unternehmen durch Loyalität und Tradition. Das Engagement aller ist groß. Besonders betont werden die langfristigen Vorteile der Mitarbeiterentwicklung sowie der Zusammenhalt aller und die Moral. Geschäftlicher Erfolg wird in den Dimensionen Kundenorientierung und Mitarbeiterbelange bewertet. Die Organisation legt Wert auf Teamwork, Mitwirkung und Einigkeit.

Adhocratie-Kultur
Führungskräfte und Mitarbeiter erleben eine dynamische, unternehmerisch denkende und kreative Arbeitsumgebung. Die Führungskräfte verstehen sich als Innovatoren und sind risikofreudig. Zusammengehalten wird das Unternehmen durch Leidenschaft, Experimentierfreudigkeit und Innovation. Primäres Ziel ist es, stets führend zu sein. Langfristig legen diese Unternehmen Wert auf Wachstum und die Akquise neuer Ressourcen. Erfolg ist gleichzusetzen mit der Entwicklung und Marktreife einzigartiger und wegweisender Produkte und Dienstleistungen. Führungskräfte unterstützen individuelle Initiative und Freiheit.

Marktkultur
Ergebnisorientierung ist oberste Handlungsmaxime. Hauptaugenmerk aller ist es, die gestellten Aufgaben zu erledigen. Die Mitarbeiter stehen im Wettbewerb und sind zielorientiert. Führungskräfte agieren als starke Treiber, Macher und Wettkämpfer. Sie werden als hart und anspruchsvoll empfunden. Konkurrenzdenken wird gefördert. Zusammengehalten werden diese Unternehmen durch einen unbedingten Siegeswillen. Status, Ansehen und Erfolg sind gemeinsame Werte. Der langfristige Fokus liegt auf wettbewerbsfähigen Handlungen der Erreichung von messbaren Vorgaben und Zielen. Marktführerschaft, das Gewinnen von Marktanteilen und Marktdurchdringung bestimmen den Erfolg.

Hierarchiekultur
Definierte Prozesse bestimmen die Arbeit der Mitarbeiter. Die Arbeitsumgebung ist maximal strukturiert und formalisiert. Führungskräfte agieren als Organisatoren und Koordinatoren. Das Streben nach Effizienz sowie Regeln und Grundsätze halten die Organisation zusammen. Der langfristige Fokus liegt auf Stabilität sowie auf Leistung mit regelmäßigen und effizienten Prozessen. Erfolg stellt sich ein, wenn das Unternehmen reibungslos bei niedrigen Kosten arbeitet und eine hohe Vorhersehbarkeit gegeben ist.

Um die vorherrschenden Kulturausprägungen eines Unternehmens sichtbar zu machen und diese dann mit der Geschäftsleitung und den Führungskräften diskutieren zu können, sieht die Cameron-Quinn-Methode einen Fragebogen vor. Modell und Umfrage erlauben eine fundierte, zugleich aber einfach durchzuführende Analyse von Ist- und Soll-Kultur. Hilfreich an der Methode: Sie bewertet nicht. Sie kennt keine positiven oder negativen Organisationswerte. Vielmehr fokussiert sie die Frage, ob die aktuelle bzw. die gewünschte Kultur zu den strategischen Zielen der Organisation passt und deren Erreichung unterstützt. Die Ergebnisse fließen dann in eine partizipative Workshop basierte Kulturentwicklung ein.

Beispiel: Strategische Neuausrichtung steht kulturell unter keinem guten Stern

Ein Unternehmen der Kunststoff Spritzgusstechnik, welches in hohen Stückzahlen Normteile produziert, soll im Wege einer externen Unternehmensnachfolge an einen externen Manager veräußert werden. Der Interessent sieht für den Normteilehersteller deutliche Wachstumschancen auch in neuen Produktsegmenten. Zudem möchte er zusätzlich eine Kleinserienfertigung mittels 3-D-Druck aufbauen. Seiner Meinung nach gibt das Unternehmen das her. Die Produkte und Technologien würden diese Maßnahmen erlauben. Doch tun das auch die im Unternehmen tätigen Menschen und deren Art der Zusammenarbeit?

Neben der klassischen Unternehmensanalyse machten wir hier eine Culture Due Diligence (Weber F. 2/2016). Das Ergebnis der Kulturanalyse ergab ein überraschendes Bild (Abb. 1.2).

Die Belegschaft fühlt sich eindeutig zur Hierarchiekultur hingezogen. Struktur und Formalisierung bestimmen den Arbeitsalltag. Führungskräfte fokussieren einen reibungslosen Ablauf und verteufeln Fehler. Der Kaufinteressent hingegen wünscht sich für seine Pläne unternehmerisch denkende und kreative Persönlichkeiten, die auch eine gewisse Risikofreude zeigen. Er möchte das Unternehmen stärker auf Unternehmertum trimmen und strebt Wachstum an. Die Freiheiten, die er den Führungskräften und Mitarbeitern geben möchte, werden von diesen nicht

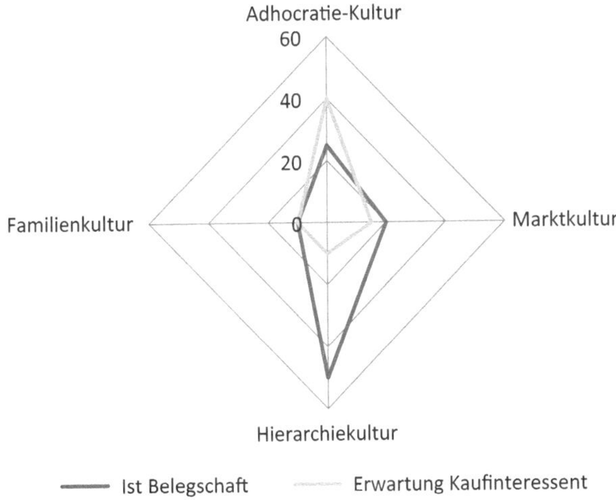

Abb. 1.2 Fallbeispiel. (Eigene Darstellung)

gesucht. Sie bevorzugen stattdessen die Sicherheit von Hierarchie und eingefahrener Prozesse.

Die Ergebnisse der Culture Due Diligence zeigen, dass der potenzielle Käufer der Verwirklichung seiner strategischen Pläne einen Kulturwandel weg von der Hierarchie hin zur Adhocratie vorschalten muss. Nur so lassen sich endlose Reibungsverluste vermeiden.

1.4 Organisationale Energie

Ob dieser Kulturwandel jedoch in akzeptabler Zeit funktionieren wird und die Belegschaft ausreichend Kraft hat, die ihr Verhalten bestimmenden Normen und Werte zu hinterfragen und zu ändern, mit diesen Fragen beschäftigt sich das Modell von Prof. Dr. Heike Bruch.

Ihr Konzept beschreibt die Kraft, die in einer Organisation vorhanden ist, um Dinge zielgerichtet zu bewegen. Diese Kraft zeigt sich im Fühlen, Denken und Handeln der Mitarbeiter und drückt sich in der Vitalität, Intensität und Geschwindigkeit unternehmensinterner Prozesse aus. Diese Kraft zu kennen ist wesentliche Voraussetzung, um Veränderungsprozesse zu bewältigen, Strategien erfolgreich umzusetzen und weiteres Wachstum zu gestalten. Niemand meldet sich bei einem Marathon an ohne zu wissen, ob er dafür genügend Kraft und Ausdauer hat. Wille und Lauftechnik alleine reichen nicht aus für einen Zieleinlauf. So sollte sich auch ein Unternehmen einem Fitness-Check unterziehen, bevor wichtige und tief greifende Maßnahmen ergriffen werden. Abb. 1.3 zeigt die vier typischen Energie-Ausprägungen.

Bei obigem Normteilehersteller haben wir die Daten mittels eines gut verständlichen webbasierten Tools erhoben und die Ergebnisse der Energieausprägungen in einem Diagramm (Abb. 1.4) abgebildet:

Vergleicht man nun die Ergebnisse des Unternehmens mit Benchmark Werten, die sich für Veränderungen aufgrund unserer Erfahrungen als zielführend herausgestellt haben, so ergibt sich ein erheblicher Mangel an „Produktiver Energie" bei einem deutlichen Überschuss an „Angenehmer Energie". Zielführend wäre es zudem, wenn im Unternehmen die Werte für „Korrosive Energie" und auch „Resignative Trägheit" sinken würden.

Bei den klassischen betriebswirtschaftlichen Erfolgsfaktoren, die die finanziellen Eckdaten und Marktgegebenheiten im Status quo beschreiben, sah der Normteilehersteller durchaus nach einer attraktiven Kaufgelegenheit aus. Kulturell hingegen ließ das Unternehmen wenig Spielraum für weitere Entwicklungen in der vom Kaufinteressenten gewünschten Art zu. Ein notwendiger Kulturwandel

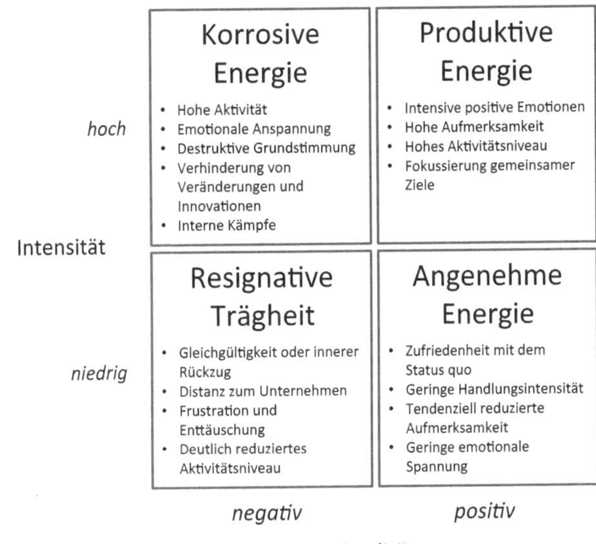

Abb. 1.3 Energiematrix. (Eigene Darstellung angelehnt an Bruch, Heike, Vogel Bernd (2011) Fully Charged)

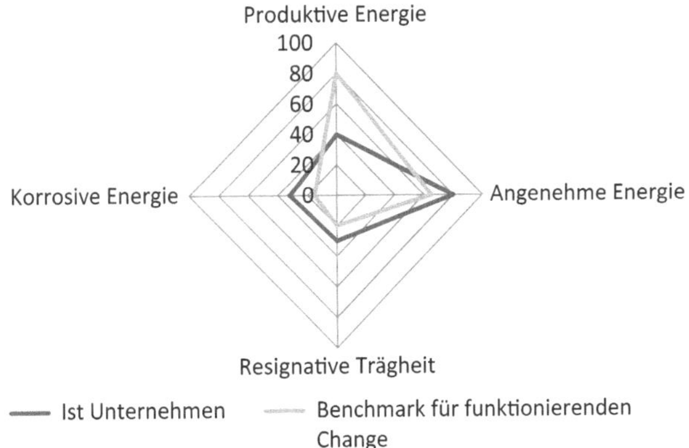

Abb. 1.4 Fallbeispiel. (Eigene Darstellung)

wäre mit einem zu großen Kraftakt verbunden gewesen, um in akzeptabler Zeit eine Grundlage für eine erfolgreiche Verwirklichung einer neuen Strategie zu schaffen.

Spannend wäre zu sehen, wie die Ergebnisse des Kulturmodells von Cameron & Quinn und der Organisationalen Energie derzeit bei VW aussehen. Hieraus ließe sich dann eine Aussage ableiten, wie schnell das Unternehmen aus der Krise kommen kann. Solche Aussagen und Maßnahmen werden in Workshops erarbeitet. In diesen werden die Ergebnisse der beiden Analysen besprochen, plausibilisiert und Maßnahmen erarbeitet, wie man beispielsweise von einem Ist- zu einem Soll-Bild gelangen kann.

Präventiv und nicht erst in einem Krisenfall eingesetzt ist eine systematische Beschäftigung mit der eigenen Unternehmenskultur und ihren Ausprägungen einen deutlichen Beitrag zur Festigung der Erfolgsfähigkeit Ihres Unternehmens. Robuste Unternehmen sind sich ihrer Kultur bewusst und wissen, warum und wie in bestimmten Situationen zu handeln ist – von allen akzeptiert, durchgängig und im Zeitablauf konsistent. Kultur fungiert als Leitstern und bündelt die unterschiedlichen Interessen zu einem starken Ganzen. Dann wird es gelingen, Motivation und Kompetenzen der Mitarbeiter zielgerichtet anzusprechen. Dann wird es zudem gelingen, die Interessen von Führungskräften und Mitarbeitern in die gleiche Richtung zu lenken, trotz bestehender Unterschiede. Robuste Unternehmen haben eine starke Kultur. Starke Kulturen gewinnen starke Mitarbeiter und machen diese in einem solchen Unternehmen noch stärker.

1.5 Eisberge – unterhalb der Wasseroberfläche wird es wichtig

Lässt sich Kultur aber aktiv gestalten? Wir sagen ja und nehmen zur Erklärung das Eisbergmodell (Abb. 1.5) in Anlehnung an Roger Conners und Tom Smith (Connors R., Smith T., 2012). Dort befinden sich die Ergebnisse und das Handeln über der Wasseroberfläche. Unterhalb jedoch schlummert die eigentliche Kraft und Energie, die es zu nutzen gilt.

Zielverfehlungen oder Planabweichungen werden häufig mit offensichtlich falschem Handeln begründet. Das greift zu kurz. Wesentlich ist die Frage, warum die Beteiligten so handeln wie sie handeln. Es sind die Einstellungen und Gewohnheiten, die unser Handeln prägen. Mit anderen Worten, es sind die Einstellungen der Mitarbeiter zum Arbeitgeber, zur Tätigkeit selbst, dem Produkt, dem Vorgesetzten, den Abläufen im Unternehmen, der Kommunikation, etc., die ihr Handeln prägen. Die darüber entscheiden, ob sie einen guten Job machen oder

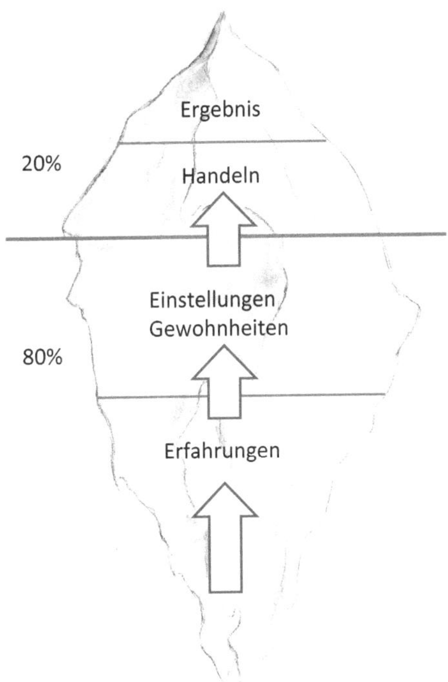

Abb. 1.5 Eisbergmodell. (Eigene Darstellung)

nicht. Wollen wir erreichen, dass z. B. im Unternehmen aus mehr persönlicher Verantwortung heraus gehandelt wird, müssen wir uns mit den Einstellungen der Menschen im Unternehmen beschäftigen, denn sie steuern unbewusst alles Handeln. Haben wir im Unternehmen Möglichkeiten, diese zu beeinflussen oder zu verändern?

Einstellungen entstehen lebenslang über die Summe aller gemachten Erfahrungen. Als Kinder erfahren wir die Kraft von Ausreden und erinnern uns an deren Wirksamkeit, wenn wir z. B. später als Vertriebsleiter mit dem Geschäftsführer über die Planabweichungen im letzten Quartal sprechen müssen. So wie damals die anderen schuld waren, so wird es heute auch noch sein. Bis zu dem Moment, in dem die neue Erfahrung („Schluss mit den Ausreden, ich will Lösungen“) an die Stelle der alten tritt. Nachhaltig verändertes Handeln beginnt mit neuen Erfahrungen und deren Reflexion. Diese führt dazu, dass sich Menschen ihrer unbewussten Treiber, die das Handeln bestimmen, bewusst werden.

Kultur umfasst in unserem Eisbergmodell, wie in einem Unternehmen gefühlt (Erfahrung), gedacht (Einstellung) und gehandelt (Handeln) wird. Genau hier liegt der Ansatz, das Handeln der Mitarbeiter zu verändern. Dieser Dreiklang umschreibt nicht nur die Unternehmenskultur, er ist gleichsam die Grundlage für die Gestaltung.

Alle im Unternehmen machen täglich „neue" Erfahrungen, die sich auf die Einstellung auswirken und das Handeln prägen. Das ist keine Gehirnwäsche, sondern die Einbindung aller Beteiligten in die Unternehmensentwicklung mit dem jeweiligen Beitrag hierzu. Dazu gehört nicht mehr als ein gemeinsames Verständnis über Ziele sowie Aufgaben, die nicht an Berufsbilder, sondern an zielorientierte Ergebnisse geknüpft sind und Führungskräfte, die ihren Mitarbeitern diese Aufgaben wertschätzend als Beitrag zum Gesamtergebnis erklären. Entsprechende Werkzeuge liefert die Beratungspraxis.

Erfolgsfaktor: Veränderungsfähigkeit 2

Es ist nicht die stärkste Spezies, die überlebt, auch nicht die intelligenteste, es ist diejenige, die sich am ehesten dem Wandel anpassen kann, das wusste schon Charles Darwin vor 200 Jahren. Wenn Sie sich dieser Erkenntnis anschließen, so lassen Sie uns doch gleich mit einer direkten Frage einsteigen:

> Wie veränderungswillig und wie veränderungsfreudig finden Sie Ihr Unternehmen?

Sie lehnen sich nun entspannt im Sessel zurück und beantworten die Frage mit „alles gut – verändern können wir", dann überspringen Sie das Kapitel, denn Sie scheinen hier alles richtig zu machen. Halten Sie aber noch einmal kurz inne und seien Sie sich für einen Moment darüber bewusst, dass Sie zu einer äußerst seltenen Spezies von Geschäftsführern, Managern oder Unternehmern gehören.

Unser Beraterالltag ist dagegen davon bestimmt, dass wir Menschen treffen, die sich über Veränderungen beschweren, den Wandel als Last empfinden, auf eine inzwischen stattliche Sammlung gescheiterter Veränderungsprojekte zurückblicken und nicht wirklich wissen, was Menschen motiviert, neues auszuprobieren und das auch noch mit Freude. Seit den 1970er Jahren scheitern zwischen 60 und 70 % aller Change-Projekte (harvardbusinessmanager.de). Das ist interessant angesichts der Vielzahl von Büchern, die seit dem zum Thema Change Management geschrieben wurden. Das Wort generiert Anfang 2017 alleine bei Google über 180 Mio. Suchergebnisse.

Wir glauben, dass das theoretische Methodenwissen über Change-Management ziemlich ausgereift ist. Es mangelt nicht an Modellen und Erklärungen. Es mangelt stattdessen an Veränderungsfähigkeit im Unternehmen. Es mangelt an Führungskräften und Unternehmern, die diese umsetzen. In den Unternehmen gibt es zu viele Manager, die ein „never change a running system" zu ihrem

F. Weber und J. Berendt, *Robuste Unternehmen*, essentials,
DOI 10.1007/978-3-658-18135-2_2

Mantra gemacht und dabei vergessen haben zu schauen, ob das System wirklich noch läuft oder ob sich die Rahmenbedingungen dafür verändert haben. Zu viele Manager haben es sich in der eigenen Komfortzone recht behaglich eingerichtet und scheuen die Veränderung. Warum ändern, wenn es doch gerade so gut läuft? Je stärker sich die Welt wandelt, desto stärker schätzen und bewahren die Menschen das Konstante. Diese urtypisch menschliche Verhaltensweise wird gerne verdrängt.

Es ist an dieser Stelle deutlich zu sagen, gescheiterte Veränderungsprojekte sind keine Bagatelle. Sie vernichten Produktivität (durchschnittlich um 25 %) und steigern die Fluktuation (durchschnittlich um 11 %), vor allem der besten Mitarbeiter (Cap Gemeni Consulting 2010). Sie kosten Geld und demotivieren Führungskräfte und auch Mitarbeiter. Vor allem aber prägen sie sich im „Veränderungsgedächtnis" der Menschen ein. Dieses wird mit jedem gescheiterten Veränderungsprojekt umfangreicher und behindert damit die Erfolgsaussichten künftiger Veränderungen: „Warum sollten wir es dieses Mal schaffen?"

Lassen Sie uns noch einmal kurz die Ausführungen zum Thema Unternehmenskultur des letzten Kapitels aus dem Blickwinkel der Veränderungsfähigkeit betrachten: Familien- oder schon gar Adhocratie-Kulturen erleichtern den Wandel deutlich im Vergleich zu den Hierarchie- oder Marktkulturen. Erstere zeichnen sich durch Flexibilität und letztere durch Regeln, Struktur und Kontrolle aus. Korrosive oder resignative Energien fördern keine Veränderungen, wohl aber den Widerstand gegen diese. Angenehme Trägheit wird es erschweren, die Dringlichkeit des Handelns zu erkennen. Allein die produktive Energie erleichtert die Veränderungen. Diese kurzen Ausführungen verdeutlichen Ihnen, dass eine umfangreiche Kenntnis der eigenen Unternehmenskultur zwingend ist, wenn größere Veränderungsvorhaben zu bewältigen sind. Vor umfangreichen Change Prozessen steht bei uns die Analysephase.

2.1 Erfolg verhindert Erfolg (im Wandel)

Interessant, dass es vor allem bislang erfolgreiche Unternehmen sind, die sich mit der Bewältigung von Veränderungen schwer tun. Nokia scheiterte am Smartphone auf dem Höhepunkt seines Erfolges. Kodak hat die Digitalfotografie vollkommen verschlafen. Warum? Weil es die Chemiker waren, die Kodak zu einem der erfolgreichsten Unternehmen der Fotobranche gemacht haben. Über die Jahre entwickelte sich der Glaubenssatz, Foto, das ist Chemie. Entsprechend haben die machtvollen Chemiker an der steten Verfeinerung des bisherigen Erfolgsmusters gearbeitet und neue Technologien ignoriert. Warum aber ist es für Unternehmer und Manager – zumal die guten – so schwer über den Tellerrand zu schauen?

Ein Grund könnte darin liegen, dass erfolgreiche Unternehmen mit der Zeit bestimmte Ideologien wie das Toyota Prinzip (Ohno Taiichi 1993) entwickeln. Diese Doktrinen setzen sich aus bestimmten Vorstellungen zusammen, wie sich das eigene Unternehmen im Wettbewerb behaupten sollte, wie es Organisationsstrukturen gestalten oder Leistungen messen sollte. Diese Ansichten werden dann zur dominierenden Denklogik des Unternehmens. Dabei müssen sie noch nicht einmal explizit ausgesprochen werden, Führungskräfte und Mitarbeiter wissen auch so: „Das ist die Art und Weise wie wir hier die Dinge tun!" Mit der Zeit werden aus solchen Aussagen Glaubenssätze, die dann nach weiterer Zeit in unumstößlichen Wahrheiten enden, die niemand mehr hinterfragt. Oder noch schlimmer, niemand mehr zu hinterfragen wagt. In der heutigen Zeit des steten Wandels der wirtschaftlichen und geopolitischen Rahmenbedingungen, der sich fortsetzenden Globalisierung und der Digitalisierung ganzer Industriezweige ist diese Denkweise gefährlich.

Dennoch verharren viele Führungskräfte in einer Verweigerungshaltung und Mitarbeiter überbieten sich im innerbetrieblichen Ausredenwettbewerb. Sätze wie „Wir wissen doch was die Kunden möchten." oder „Disruption gibt es in unserer Branche nicht – wir kennen die Konkurrenz." schallen über die Flure.

Chancen und Risiken betrachten diese Manager stets aus der gewohnten Perspektive. Unternehmer bzw. Geschäftsführer wären gut beraten, hier einen Kontrapunkt zu setzen und gemeinsam mit ihren Führungskräften herauszufinden, welche gedanklichen Heiligen Kühe zu schlachten sind. Es gehört zu den Topaufgaben der Unternehmensführer, die eigenen Prozesse und Strukturen schneller modifizieren zu können, als dass neue oder bestehende Konkurrenten neue Formen des Wettbewerbs schaffen können (Prahalad C.K., 6/2010). Hierzu müssen sie dringlich die sich wandelnde Wettbewerbssituation und deren Auswirkung auf das eigene Unternehmen und seine Ertragslage verstehen und beschreiben können. Sie müssen zudem erkennen, welche Fähigkeiten im Unternehmen fehlen, und diese schnell aufbauen.

2.2 Schlanke Unternehmen bewegen sich schneller

Jahr für Jahr reichern viele Unternehmen ihr Regelwerk kontinuierlich an. Immer neue Normen und Vorschriften ergänzen die bestehenden. Das Ergebnis? Die Unternehmen werden komplexer, schwerer zu verstehen sowie langsamer und büßen damit Flexibilität und Dynamik ein. Unternehmensmenschen neigen zum Hamstern. Aus reiner Gewohnheit wird alles gesammelt und mitgeschleppt. Ohne sich darüber Gedanken zu machen, ob das alles noch seinen Sinn hat. Wir plädieren daher dafür, sich auch um das geplante Vergessen innerhalb des Unternehmens zu kümmern. Es ist herauszufinden, welche Verhaltensweisen, Gewohnheiten und Vorstellungen nicht mehr länger funktionieren oder gar schädlich sind. Während des Umbaus einer Organisation ist die Vergessenskurve letztendlich wichtiger als die Lernkurve (Prahalad C.K. 6/2010).

Vielleicht hören wir einfach auf Kurt Tucholsky: „Die Basis einer gesunden Ordnung ist ein großer Papierkorb." Schlankheit führt zu mehr Beweglichkeit und steigert die Wirksamkeit. Einmal im Jahr sollte man sich damit beschäftigen, was man nicht mehr tun sollte – weil es sich überlebt hat, weil man über die Dinge hinausgewachsen ist, weil man sich in eine andere Richtung entwickeln will, weil es andere und bessere Methoden gibt.

2.3 Der Mensch – Erfolgsgarant und größtes Hindernis im Change

Was verbinden Menschen im Unternehmen mit dem Begriff Veränderung? Was überwiegt? Persönliche Chancen oder Ängste und Sorgen? Das Unternehmen fit für die Zukunft zu machen oder Bedrohungen abzuwenden? Die Sicherung des Arbeitsplatzes oder das Risiko für den Arbeitsplatz? Was treibt die Menschen im Unternehmen um? Der Wille mitreden und mitgestalten zu können oder der Gedanke ausführen zu müssen, was andere beschlossen haben?

Um dieses beantworten zu können, müssen Führungskräfte ihre Mitarbeiter gut kennen. Sie müssen einschätzen können, was Veränderungen für die Menschen bedeuten, bei ihnen auslösen und wie sie damit umgehen.

Das Phasen-Modell (Abb. 2.1) befasst sich mit den emotionalen Reaktionen der Beteiligten bei Change Management Prozessen. Menschen durchlaufen die einzelnen Phasen mit unterschiedlicher Intensität und Dauer (Weber F., 3/2012). Jeder von der Veränderung betroffene Mitarbeiter hat seine eigene Kurve. Entsprechend müssen sie auch individuell angesprochen werden. Die Mitarbeiter durch den Change zu begleiten, ist Führungsaufgabe – mit dem Ziel die Ausschläge nach unten zu verringern und die für den Wandel erforderliche Zeit zu begrenzen. Eine Führungskraft mit hoher Veränderungsfähigkeit weiß, wo jedes Teammitglied im Wandel steht und weiß auch, wie es angesprochen werden muss – mal zunächst emotional, dann erklärend, ermunternd und später bestätigend.

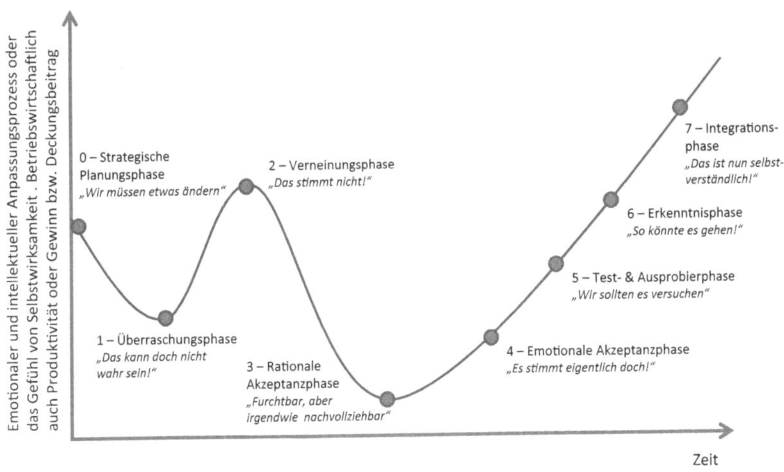

Abb. 2.1 Phasen-Modell von Richard K. Streich. (Eigene Darstellung)

Wesentlich ist aber, dass jeder eine eigene Kurve hat und sich die unterschiedlichen Kurven zudem im Zeitversatz befinden. Auch das Top-Management durchläuft diese Phasen und muss sich von alten Verhaltensmustern verabschieden. Während die Unternehmensleitung aber bereits auf dem aufsteigenden Ast der Akzeptanz unterwegs ist, befindet sich das Gros der Belegschaft in der Phase, in der der Change erstmalig kommuniziert wird. Darin liegt eine große Gefahr! Nicht selten treten dann die Top-Manager mit einer gewissen Entspanntheit auf und berichten der „geschockten" Belegschaft voller Enthusiasmus von den anstehenden Veränderungen. Voller Unverständnis über die Lethargie und den Widerstand der Mitarbeiter reagiert der ein oder andere Top-Manager dann schon mal mit sportlichen Kommentaren – sie haben vergessen, wo die Mitarbeiter gerade stehen!

Kann das ein Chef mit 30 oder mehr Mitarbeitern leisten? Nein! Nicht umsonst kennt die Betriebswirtschaft den Begriff der optimalen Leitungsspanne – also die optimale Anzahl der einer Leitungsstelle direkt zugeordneten Mitarbeiter. Die liegt je nach Art der Tätigkeit und Branche zwischen 8 und 14 Personen. Das ist dann auch das Maximum, was eine Führungskraft bewältigen kann und mit dem sie den Wandel begleitende Gespräche führen kann. Gute Führung bedeutet zu wissen, was zu tun ist, damit die eigenen Mitarbeiter erfolgreicher wirken können. Das bedeutet eine Beschäftigung mit dem Menschen, seinen Werten, Sorgen und Bedürfnissen. Diese zwischenmenschliche Arbeit lässt sich naturgemäß nur mit einer begrenzten Anzahl mit Mitarbeitern bewerkstelligen. Das ist ein Plädoyer für den Aufbau einer gesunden Führungsstruktur mit guten Führungskräften. Das mag zwar die Personalkosten ein wenig steigern, verhindert aber den üblichen Produktivitätsverlust von durchschnittlich 25 % bei schlecht gemanagten Veränderungsprozessen.

2.4 Widerstand – wie damit umgehen?

Was aber tun, wenn einige Mitarbeiter einfach nicht die Verneinungsphase verlassen und sich jeder Akzeptanz der Veränderung verweigern? Wenn sie Widerstand zeigen?

Folgt man dem Gedanken von Konrad Lorenz (Abb. 2.2), so sind Menschen erst bereit Neues umzusetzen und dieses beizubehalten, wenn sie die Veränderung verstanden haben und auch mit ihr einverstanden sind. Doch was, wenn sich dieses Einverständnis nicht einstellt? Mitarbeiter werden das dann auf die unterschiedliche Art und Weise artikulieren – passiv oder aktiv und im Reden oder im Verhalten. Vor allem in Hierarchiekulturen wird erwartet, dass das ausgeführt wird, was von oben kommt. Führungskräfte sind entsprechend sozialisiert und dulden keinen Widerstand. Aber auch in diesen Unternehmen wird Widerstand auftreten, nur eben leiser und eher im Verhalten der Menschen (Unruhe, Unaufmerksamkeit oder Krankheit sowie innere Kündigung). Das macht es doppelt schwer, diesen zu entdecken und aufzulösen.

Dabei ist Widerstand bei Veränderungen vollkommen normal (Weber F., 7/2012). Das Ausbleiben ist Anlass zur Beunruhigung, nicht das Auftreten. Widerstand enthält immer eine verschlüsselte Botschaft, meistens im emotionalen Bereich (Sorgen, Befürchtungen oder Ängste). Widerstände sind nicht artikulierte Bedürfnisse. Nichtbeachtung von Widerstand führt zu Blockaden! Verstärkter Druck führt lediglich zu verstärktem Gegendruck und das mindert wieder die Produktivität. Widerstandsbehandlung (Doppler K., Lauterburg C., 2005) beginnt mit einer zeitnahen und inhaltlich adäquaten Information der Mitarbeiter über alle Facetten der anstehenden Veränderung. Dann sind Führungskräfte gut beraten, den unmittelbaren Druck aus der Situation zu nehmen und in den Dialog mit den entsprechenden Mitarbeitern zu treten – mit dem Widerstand gehen, ihm Raum zu geben. Ergänzend ist es ausgesprochen zielführend, die Mitarbeiter aktiv in den Veränderungsprozess einzubinden und gemeinsame Absprachen festzulegen.

Ein Leitgedanke, der das Handeln bei Veränderungen strukturiert...

Gesagt ist noch nicht gehört.

Gehört ist noch nicht verstanden.

Verstanden ist noch nicht einverstanden.

Einverstanden ist noch nicht umgesetzt.

Umgesetzt ist noch nicht beibehalten.

Konrad Lorenz

Österreichischer Verhaltensforscher (1903–1989)

...aber auch die Herausforderungen aufzeigt!

Abb. 2.2 Leitgedanke. (Eigene Darstellung in Anlehnung an Konrad Lorenz)

2.5 Fehler als Inspirationsquelle auf dem Weg zum Erfolg

Im Modell von Streich ist die Test- und Ausprobierphase vom Prinzip des „Trial and Error" geprägt. Zwangsläufig kommt es hierbei auch zu Fehlern. Ab der Phase 5 geht es um die Umsetzung. Verändern heißt Verstehen! Verstehen ist das Ergebnis eines Lernprozesses. Dieser beinhaltet immer auch Fehler zu machen. Der Begriff Fehlerkultur stammt aus den Sozialwissenschaften und bezeichnet die Art und Weise, wie Unternehmen mit Fehlern, Fehlerrisiken und Fehlerfolgen umgehen.

Für den Erfolg des Change-Projekts ist es nun essenziell, wie mit diesen Fehlern umgegangen wird. Werden sie von der Führungskraft im Wege einer Null-Fehler-Kultur unmittelbar sanktioniert, droht der Wandel zu scheitern. Selbst nach rationaler und emotionaler Akzeptanz und wieder angestiegener Selbstwirksamkeit (die sich ebenfalls in einem Produktivitätsanstieg niederschlägt), ist die Veränderung noch nicht abgeschlossen. Viele Veränderungsprojekte scheitern gerade in dieser Phase. Menschen wollen Fehler vermeiden, indem sie keine Risiken eingehen – um nicht den Zorn des Chefs auf sich zu ziehen oder einfach nur der lieben Karriere wegen. Dabei führt dieses „Auf Nummer sicher gehen" zu keinen außerordentlichen Leistungen, sondern endet häufig nur im modrigen Sumpf des Mittelmaßes.

Veränderungsfähigkeit bedeutet auch die Fehlerkultur im Unternehmen neu zu denken. Fehler nicht als Ausdruck von Erfolglosigkeit zu verstehen, sondern als einen sicheren Weg zum kreativen Erfolg. Wir kennen bereits Unternehmen, die ein Top10-Fehler-Ranking erstellen, in denen Mitarbeiter darstellen, woraus sie am meisten gelernt haben. Andere loben gar den „Fehler des Monats" aus.

Sie finden diese Gedanken befremdlich? Dann lassen Sie sich vom Entdecker des glühelektrischen Effekts Thomas A. Edison inspirieren: Erfolg ist ein Gesetz der Serie und Misserfolge seien lediglich Zwischenergebnisse. Wer weitermacht, kann gar nicht verhindern, dass er irgendwann auch Erfolg haben wird. Unsere größte Schwäche liegt im Aufgeben. Der sichere Weg zum Erfolg ist immer, es doch noch einmal zu versuchen. Auf unser Thema übertragen bedeutet das, dass Veränderungsfähigkeit Fehler erlaubt und einen Prozess, der Minimierung von Fehlerrisiken und Fehlerfolgen kennt. Lassen wir uns doch davon inspirieren, dass unsere Irrtümer keine üblen Feinde sind, sondern wichtige Bausteine zum Erschaffen von etwas Neuem. Unsere Erfahrungen bezeichnen wir dann als Summe unserer Irrtümer.

Transformationsfähigkeit[1] ist eine strategische Kernkompetenz von Unternehmen und kein „nice zu have". Sie wird zu einem entscheidenden Erfolgsparameter mit direktem Einfluss auf Produktivität und Fluktuation. Führungskräften kommt hier eine besondere Bedeutung zu. Erst wenn sie die Veränderungsfähigkeit glaubhaft vorleben und ihre Erfahrungen teilen, wandelt sich das Unternehmen.

[1]Weitere Impulse für mehr Veränderungsfähigkeit finden sich unter: http://robuste-unternehmen.de.

3 Erfolgsfaktor: Innovationsfähigkeit

Die Digitalisierung des Lebens und der Wirtschaft (Industrie 4.0) wird angetrieben von einem weltweit immer schneller laufenden Innovationsmotor. Sein Treibstoff ist die Innovationsfähigkeit vieler Unternehmen unterschiedlicher Größe. Zugleich zeigt sich deutlich, wer diese Fähigkeit nicht hat, scheidet aus dem Spiel aus – mit zunehmender Geschwindigkeit.

Wir erachten daher die Fähigkeit, kontinuierlich Innovationen hervorzubringen, als wesentlichen Erfolgsfaktor robuster Unternehmen. Diese Eignung ergibt sich aus dem komplexen Zusammenspiel der Faktoren Mensch, Organisation und Technik. Wobei erschwerend hinzukommt, dass sich Innovationsfähigkeit genauso wenig vorschreiben lässt wie etwa gute Laune. Es gibt aber eine Reihe von Treibern, die das Innovationsklima in einem Unternehmen fördern und einige Barrieren, die sie hemmen (Abb. 3.1).

Die einzelnen Treiber und Barrieren zu vertiefen würde den Umfang dieses *essentials* sprengen. Zusammenfassend lässt sich aber sagen, dass alle Innovationstreiber die Kreativität von Menschen begünstigen. Und damit die Befähigung fördern, etwas vorher nicht da gewesenes, originelles und beständiges Neues zu kreieren (= Invention), was dann bei Markterfolg zu einer Innovation wird.

3.1 Kreativitätstechniken helfen auf die Sprünge

Der richtige Einsatz von Kreativitätstechniken kann den kreativen Prozess in den Unternehmen unterstützen und beherrschbar machen. Hierbei handelt es sich um Methoden zum gezielten Erzeugen neuer Ideen oder Präzisierung von Problemen. Sie sind geeignet, die Ideenfindung und den Ideenfluss Einzelner oder von Gruppen zu beschleunigen, die Denkrichtung zu erweitern und gedankliche Blockaden aufzulösen.

F. Weber und J. Berendt, *Robuste Unternehmen*, essentials,
DOI 10.1007/978-3-658-18135-2_3

Abb. 3.1 Auswahl von Treibern und Barrieren von Innovationsfähigkeit. (Eigene Darstellung)

Unser Großhirn besteht aus zwei Hälften, die durch den Corpus callosum verbunden sind. Diese Brücke sorgt dafür, dass alle Informationen, die von der einen Gehirnhälfte behandelt und bearbeitet werden, auch die andere Gehirnhälfte erreichen. Unzählige Verbindungen gewähren einen perfekt funktionierenden Informationsaustausch. Jede der beiden Gehirnhälften hat unterschiedliche Aufgaben. So steuert die linke Gehirnhälfte motorisch die rechte Körperseite und die rechte Gehirnhälfte die linke Körperseite. Die rechte Gehirnhälfte ist zudem für künstlerische und intuitive Tätigkeiten sowie für die Raumorientierung zuständig. Sie verarbeitet die Informationen ohne Bewertung und ohne Begrenzung. Die linke Gehirnhälfte dagegen ist hauptsächlich für unser analytisches Denken und für die verbale Aktivität verantwortlich. Sie verarbeitet Informationen nacheinander und zerlegt sie in kleinste Teile. Wenn beide Gehirnhälften zusammenarbeiten, ergeben sie ein perfektes Team für die Schaffung von Innovationen. Kreativitätstechniken greifen die Eigenarten unserer Hirnhälften und deren Zusammenspiel auf und unterstützen dieses.

Intuitive Kreativitätstechniken liefern in ca. 30 min sehr viele Einzelideen in dem sie Gedankenassoziationen fördern. Intuitive Methoden sind auf Aktivierung des Unbewussten ausgelegt, auf die Förderung von Wissen, das in den Köpfen bereits vorhanden ist, an das spontan aber nicht gedacht wird. Spezielle Arbeitsformate sollen helfen, eingefahrene Denkgleise zu verlassen und das geistige Potenzial ganzer Gruppen zu wecken.

Zu den bekanntesten intuitiven Kreativitätstechniken gehört sicher das Brainstorming. Hierbei handelt es sich zugleich um die am meisten falsch angewendete Technik mit zuweilen nahezu wertlosem Verlauf. Using the brain to storm a problem bedeutet nämlich, dass jeder Gedanke erst einmal wertvoll ist und er nicht sofort mit einem zackigen „hatten wir schon, geht eh nicht", kommentiert und verworfen wird. Der Wert des Brainstormings liegt darin, dass alle Teilnehmer spontan Ideen zur Lösungsfindung äußern und sich dabei gegenseitig inspirieren und untereinander Gesichtspunkte in neue Lösungsansätze und Ideen einfließen lassen. Je kühner und fantasievoller, desto besser. Dadurch wird das Lösungsfeld vergrößert. Eine Bewertung und Aussortierung findet dabei erst in einer zweiten Phase statt. In dem in vielen Fällen die beiden Phasen vermischt werden und zu früh Kritik und Wertungen geäußert werden, bleibt die Methode häufig unter ihrem Potenzial und verkommt zu einer unverbindlichen Diskussions- oder Tratschrunde. Weitere hilfreiche intuitive Kreativitätstechniken sind etwa das Mind Mapping, Ideenmarathons oder die 6-3-5 Methode.

Die Ergebnisse der intuitiven Prozesse werden dann mit **diskursiven Kreativitätstechniken** weiterverarbeitet. Diese überführen den Prozess der Lösungssuche in einzeln ablaufende logische Schritte. Sie beschreiben ein Problem umfassend weil sie es analytisch in kleinste Einheiten aufgespalten. Beispiele sind die Kraftfeldanalyse oder der Morphologische Kasten.

Allen Techniken ist gemein, dass sie in der Gruppe oder auch alleine angewendet werden können. Sollen sie erfolgreich verlaufen, sind die jeweiligen Spielregeln einzuhalten. Zudem tötet Effizienz jegliche Kreativität. Unter Zeitdruck sowie fehlenden oder nicht passenden räumlichen, finanziellen und logistischen Restriktionen können Gedanken nicht frei fließen. So auch, wenn Sorgen oder Ängste vorhanden sind.

3.2 Führungskräfte schaffen Freiräume

In Abschn. 2.3 hatten wir definiert, dass gute Führung bedeutet zu wissen, was zu tun ist, damit die eigenen Mitarbeiter erfolgreicher wirken können. Hierzu gehört unter anderem auch das Schaffen von nötigen Rahmenbedingungen für Kreativität und damit Innovationsfähigkeit.

Wenn in Abb. 3.1 von systematischer Kompetenzentwicklung, Work-Life-Balance, betrieblichem Gesundheitsmanagement oder der an den Lebensphasen orientierten Führungsarbeit gesprochen wird, dann sind das alles Innovationstreiber, die sich im Denken und Handeln von Führungskräften zeigen. Beispielsweise gelten Maßnahmen zur Etablierung und kontinuierlichen Aufrechterhaltung einer Balance zwischen Arbeits- und Privatleben als wesentliche Instrumente zur Förderung der Innovationsfähigkeit. Personalabteilungen können dazu auch wunderbare Programme aufsetzen. Doch vor Ort am Arbeitsplatz, im Wechselspiel zwischen Mitarbeiter und Führungskraft entscheidet sich, ob diese auch Anwendung finden, ob diese Balance überhaupt von Bedeutung ist. Hierüber entscheidet i. d. R. die Führungskraft und damit zugleich auch über das Innovationspotenzial. Gleiches gilt für Maßnahmen des betrieblichen Gesundheitsmanagements. Diese zielen auf die Gesundheit, Zufriedenheit und Motivation der Mitarbeiter ab und schaffen somit ebenfalls den Boden für Kreativität und Innovationsfähigkeit.

3.3 (Wieder) eine Frage der Kultur

In der ersten Phase des Problemlösens, der des divergierenden Denkens, in dem die intuitiven Techniken angewendet werden, geht es darum ungewöhnliche Ideen zu suchen und diese auch auszuhalten. Hier geht Quantität vor Qualität. Es geht um Masse! Inwieweit sich darunter Klasse befindet, wird später im Prozess des konvergierenden Denkens der diskursiven Kreativitätstechniken herausgearbeitet.

Unternehmen mit streng hierarchischen Kulturen oder denen, die hart in der Marktkultur unterwegs sind, tun sich mit der Einhaltung dieser Schritte schwer. Zu kontrolliert sowie regelbasiert und koordiniert ist das Denken und Handeln in diesen Unternehmen. Demgegenüber erleichtern die kulturellen Ausprägungen von Familienkultur und schon gar der Adhocratie die Anwendung von Kreativitätstechniken.

Gleiches gilt für das in Abschn. 2.5 gesagte zum Thema Fehlerkultur. Perfektion ist der Feind des Guten und lähmt den freien Fluss der Gedanken. Unternehmen mit einer definierten Fehlerkultur, die konstruktiv mit Fehlern, Fehlerrisiken und Fehlerfolgen umgehen, tun sich deutlich leichter mit der Freisetzung von Kreativität und haben damit eine deutlich höhere Innovationsfähigkeit. Oftmals scheitert es aber an der fehlenden Risikobereitschaft. Was übrigens auch für die deutsche Risikokapitalbranche gilt. Banken scheuen meist das Risiko, Gründern oder jungen Unternehmen Kredit zu geben. Der Markt für Eigenkapital (Venture Capital Fonds) ist nach einer kurzen Blüte Ende der neunziger Jahre in sich zusammengefallen. Der Grund? Sie waren nicht in der Lage neue Liquidität bei potenziellen Investoren einzuwerben. Risikoscheu allenthalben und ein sehr deutsches Phänomen.

3.4 Der Flop, der zum Olympiasieg führte

Eine Kultur der Transparenz, Neugierde und der Risikobereitschaft sowie offenen Kommunikation sollte sich in entsprechenden Organisationsstrukturen und Abläufen niederschlagen. Jede betriebliche Organisation sollte so gestaltet sein, dass Freiräume für Neuerungen bestehen und Verantwortungen in hohem Maße an die Mitarbeiter delegiert werden. Dieses erleichtert, ausgetretene Pfade zu verlassen und Neues auszuprobieren.

Doch die Realität unserer Beratungspraxis zeigt anderes. Statt offener Kommunikation erleben wir Abschottung in künstlich zementierten Zuständigkeitssilos und eifersüchtige Kontrolle dieser. Inventionen und Innovationen haben in dieser Welt eher den Charakter der Bedrohung der eigenen Position. Querdenker gelten in dieser Welt der Abteilungen als Querulanten, die die eingeübten Denk- und Arbeitsprozesse stören.

Dabei sind es vor allem diese Musterbrecher, die die Welt nach vorne bringen. Erinnern wir uns an den ehemaligen amerikanischen Leichtathleten Dick Fosbury. Er revolutionierte den Hochsprung durch die von ihm kreierte Sprungtechnik, den Fosburyflop, bei dem der Springer die Latte rückwärts überquert. Damit verdrängte er den bis dahin üblichen Straddle, bei dem der Springer die Latte bäuchlings überquert. Letzterer limitierte allerdings die erreichbaren Höhen. Mit seiner neuen Technik gewann er die Goldmedaille bei den Olympischen Spielen 1968 in Mexiko-Stadt mit einer übersprungenen Höhe von 2,24 m. Auch wenn der Fosburyflop heutiger Sprungstil ist und zu neuen Rekorden führt, so hatte er am Anfang mit Widerständen zu kämpfen. Für eine kurze Zeit überlegte das Olympische Komitee 1968, ob die Leistung von Dick Fosbury überhaupt anzuerkennen sei, da er nicht den üblichen Straddle gesprungen war.

Jedes Unternehmen braucht seine Fosburys. Persönlichkeiten, die besonders innovationsfreudig und bereit sind, als Musterbrecher zu agieren. Sie sind gut beraten, wenn Sie in Ihren Unternehmen diese Personen erkennen und fördern. Diese können zudem als Katalysatoren für den gesamten betrieblichen Innovationsprozess dienen und andere Mitarbeiter mitziehen. Darüber hinaus sollten Sie einem intensiven betrieblichen Erfahrungsaustausch einen hohen Stellenwert einräumen. Hiermit lassen sich Neuerungen schnell vernetzen und damit weiterentwickeln.

Erleichtert die sich im Unternehmen ausbreitende Kreativität das komplexe Zusammenspiel von Mensch, Organisation und Technik im Innovationsprozess, kann die Innovationsfähigkeit durch den folgenden vierten Erfolgsfaktor, das Wissensmanagement, weiter gesteigert werden.

Erfolgsfaktor: Wissensmanagement 4

Robuste Unternehmen nutzen Wissensmanagement. Sie können Chancen schneller erkennen und erfolgreicher nutzen, Prozesse standardisieren und als Erfolgsmodelle multiplizieren.

Diverse Studien belegen die Vorteile implementierter Wissensmanagementsysteme in mittelständischen Unternehmen eindrucksvoll. Eine der bekanntesten ist die branchenrepräsentative Studie der TU Chemnitz (Pawlowsky P. 2011) mit einer Stichprobe von 3200 mittelständischen Unternehmen mit mehr als zehn Mitarbeitern. Abb. 4.1 zeigt, dass je nach Ausbaustufe des Wissensmanagements die Motivation in den Unternehmen um 47,6 %, die Innovationsfähigkeit um 43,3 % und Wettbewerbsfähigkeit um 24,7 % steigt im Durchschnitt aller befragten Unternehmen.

Eine Umfrage vom HAUFE-Verlag (haufe.de) bestätigt 2014 auch die Gegenprobe: Für 81 % der Befragten ist fehlendes Wissen und die Suche oder das Recherchieren nach notwendigem Wissen demotivierend. Nur fehlende Wertschätzung ist ein noch größerer Motivationskiller. Und nach Angaben von 60 % der Befragten führt nicht vorhandenes oder nicht zugängliches notwendiges Wissen darüber hinaus zu sinkender Arbeitsleistung.

Auch wenn dem Grunde nach das Wissen aller Stakeholder[1] für Sie interessant ist und nicht unberücksichtigt bleiben darf: Erfolgskritischer Faktor sind Ihre Mitarbeiter mit ihrem jeweiligen Wissen und Kompetenzen. Top-Fachkräfte im „War

---

[1]Stakeholders: Anspruchsgruppen sind alle internen und externen Personengruppen, die von den unternehmerischen Tätigkeiten gegenwärtig oder in Zukunft direkt oder indirekt betroffen sind, http://wirtschaftslexikon.gabler.de/Definition/anspruchsgruppen.html.

F. Weber und J. Berendt, *Robuste Unternehmen*, essentials,
DOI 10.1007/978-3-658-18135-2_4

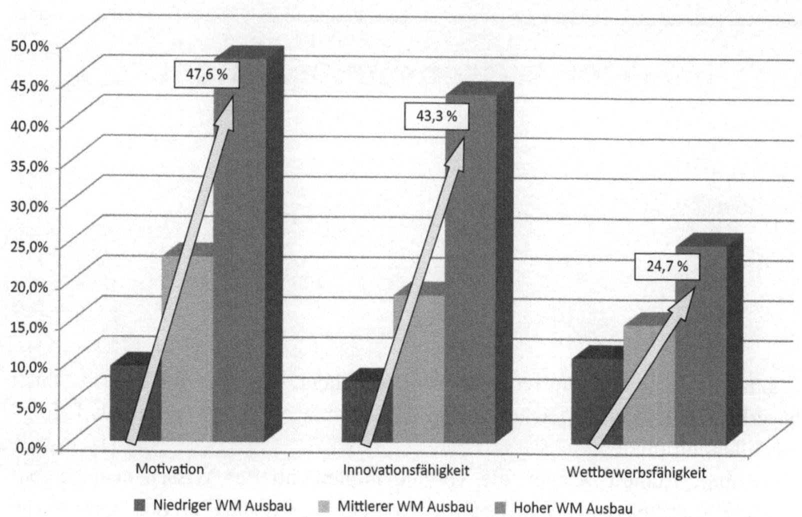

Abb. 4.1 Erfolgsfaktor Wissensmanagement (WM) in Abhängigkeit der Ausbaustufe

for Talents" machen Ihren langfristigen und nachhaltigen Erfolg aus. Die Spatzen pfeifen es von den Dächern: Das Credo der Babyboomer „Wissen ist Macht" ist out. Die Generation Y und Z ist vernetzt und lebt Wissenstransfer täglich über die sozialen Medien. Ziel des Wissensmanagements ist es, das Wissen Ihrer Mitarbeiter nicht als Individualwissen zu pflegen sondern es allen kollektiv verfügbar zu machen.

Wissensmanagement schafft Transparenz, regt an, verändert und beschleunigt. Es unterstützt und fördert Veränderungsprozesse wie z. B. Kulturveränderungen und ist gleichermaßen auf kulturelle Werte angewiesen. Wissensmanagement lebt von der Interaktion, des Nehmens und Gebens aller Beteiligten. Ist das nicht gegeben, verlieren die Inhalte schnell an Aktualität. Ohne Aktualität wird kein System genutzt. Die Geschäftsführung wird in ein ungenutztes System weder Geld noch Kapazitäten investieren. Einmal in dieser Spirale scheitert jeder Aufbau eines Wissensmanagementsystems.

In den folgenden Kapiteln stellen wir unter Qualitätsgesichtspunkten kurz einige Vorgehensweisen für die Praxis dar, mit denen Sie schrittweise mit einfachen Mitteln Wissensmanagement einführen können.

4.1 Wissens- und Qualitätsmanagement

Bis September 2018 müssen alle ISO 9001:2008 zertifizierter Unternehmen für die neue Norm ISO 9001:2015 auditiert sein. Die neuen Anforderungen, insbesondere die Einbeziehung des Wissensmanagements, sind dabei zukunftsweisend. Qualitätsmanagement und Wissensmanagement sind Querschnittsfunktionen in jedem Unternehmen. Sollen im Rahmen der Auditierung Chancen und Risiken des Geschäftsumfelds und die Bedeutung des Wissens im Unternehmen berücksichtigt werden, ist eine zielfokussierte, ganzheitliche Betrachtung über alle Unternehmensprozesse notwendig.

Mit den in diesem Kapitel dargestellten Methoden erfüllen Sie maßgebliche Anforderungen auf dem Weg zu einem robusten Unternehmen:

1. Implementierung oder Ausbau eines Wissensmanagement-Systems als Teil der strategischen und operativen Unternehmensführung und Steigerung von Motivation, Innovationsfähigkeit und Wettbewerbsfähigkeit
2. Erhöhung der Entscheidungssicherheit und Transparenz und Dokumentation von Entscheidungsgrundlagen durch Wirkungsnetze
3. Erfüllung der Anforderungen ISO 9001:2015 „Wissen der Organisation" und „Maßnahmen zum Umgang mit Risiken und Chancen"[2]

4.2 Unternehmens-Checks

Mit wachsender Bedeutung des Wissensmanagements entstanden auch unterschiedliche Checks, die für kleine sowie für mittelständische Unternehmen hervorragende Einstiegsinstrumente darstellen. Als grobe Orientierung gilt: Je kleiner das Unternehmen, desto einfacher muss das Wissensmanagement strukturiert und auf die individuellen Bedarfe des Unternehmens angepasst sein. Deshalb sind Checks wegen ihrer Einfachheit gerade für diese Zielgruppen ein geeignetes Mittel, Ihren Status zu bestimmen, sich zu fokussieren und ggf. erste Maßnahmen aus einer Schwächen-Stärken-Analyse abzuleiten und umzusetzen.[3]

---

[2] Qualitätsmanagement-Systeme sind Bestandteil Robuster Unternehmen. Die ISO steht hier auch für alternative QM-Systeme.

[3] Weitere Informationen auf: http://robuste-unternehmen.de.

4.3 Managementkreislauf Wissen

Der Managementkreislauf Wissen (Abb. 4.2) beschreibt anschaulich und teilweise selbsterklärend den Ablauf und die Zusammenhänge eines Wissensmanagement-Systems. Er bietet eine Struktur und ist sozusagen der rote Faden bei der Einführung von Wissensmanagement für Praktiker. Dabei agiert Wissensmanagement immer auf drei Ebenen: einer sinnvollen Technik, der organisatorischen Einbindung und den Menschen (TOM).

Auch wenn die in der Abb. 4.2 dargestellten Prozesse alle miteinander vernetzt sind, können sie doch hilfsweise als kausal aufeinander aufbauende Checkliste dienen. Es werden daher nachfolgend einige Prozesse mit jeweils möglichen Maßnahmen beispielhaft angerissen.

Wissensziele (setzen)	→	Wissensziele werden zu einem festen Bestandteil der Jahresplanung
Wissen identifizieren	→	Wissenslandkarten geben einen Überblick, welche Kompetenzen im Unternehmen an welchen Stellen verfügbar sind, welches Wissen an welchen Positionen eingesetzt wird und welches Wissen noch aufgebaut werden muss, um die Ziele zu erreichen
Wissen erwerben	→	Externes Wissen unterstützt, wenn Sie eine Anregung, eine Idee, ein Werkzeug oder eine Vorgehensweise zur Beseitigung eines Engpasses benötigen. Dazu gehören Berater, Kooperationen und Personalrekrutierung
Wissen entwickeln	→	Internes Wissen im Unternehmen aufzubauen und zu behalten ist eine strategische Entscheidung mit einem entsprechenden Zeitbedarf: Aus- und Weiterbildung sowie Kooperationen
Wissen (ver-)teilen	→	Wissen teilen muss Spaß machen. Einen Rahmen schaffen, der Wissensaustausch und Wissenstransfer honoriert. Störfaktoren wie z. B. schlechte Meeting-Kultur oder fehlende Ablagestrukturen eliminieren
Wissen nutzen	→	Wissensangebot einfach und klar strukturieren und hirngerecht aufbauen, Systeme sollen benutzerfreundlich und schnell zugänglich sein (z. B. E-Learning, Suchmodi)
Wissen bewahren	→	Wissens- und Kompetenzträger an das Unternehmen binden, Werkzeuge bestimmen, mit denen das verfügbare Wissen dokumentiert werden soll (Erfahrungsdokumentation)
Wissen bewerten	→	Zielerreichung prüfen, Korrekturmaßnahmen ergreifen

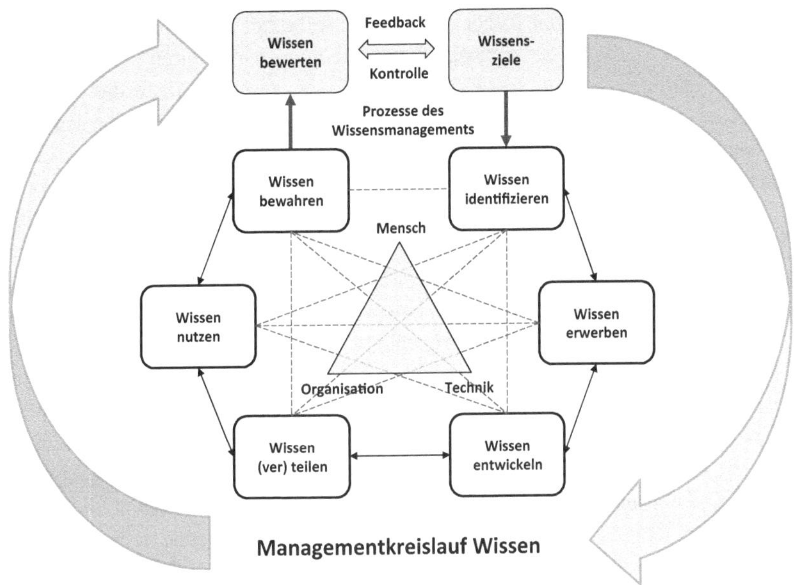

Abb. 4.2 Managementkreislauf Wissen. (In Anlehnung an Probst, Raub & Romhardt)

Wissensziele und Wissen bewerten sind strategische Aufgaben, während Einführung und Vertiefung von Wissensmanagement operative Prozesse sind. Starten Sie also nicht gleich mit Maßnahmen. Erledigen Sie zuerst die strategischen Aufgaben und legen Sie die Wissensziele fest. Effektives Wissensmanagement ist auf die Unternehmensziele fokussiert. Alles andere führt zu überfrachteten Projekten und immer wieder neuen Lösungsanforderungen, die zu Demotivation, Frustration und Ablehnung in der Belegschaft und damit oft zum Scheitern führen.

4.4 Wissensbilanz und Komp-A-S-Methode

Heinrich von Pierer, der frühere Vorstandsvorsitzende der Siemens AG, sagte einmal: „Wenn Siemens wüsste was Siemens weiß.“ Er meinte damit parallele Mehrfachentwicklungen, den aufsummierten hohen Suchaufwand für alle möglichen Themen und Informationen. Er erkannte bereits früh die großen Potenziale, Zeiten und Kosten eklatant zu reduzieren und viel schneller arbeiten zu können sowie Marktveränderungen früher und aktiver wahrzunehmen. Er gehörte damit zu den Pionieren, die Wissensmanagement systematisch einführten.

Heute befinden wir uns bereits in einer Wissensgesellschaft, in der sich das Wissen ca. alle 3–5 Jahre verdoppelt. Dreiviertel des generierten Mehrwerts ist auf spezifisches Wissen zurückzuführen (Quinn J.B. 1993). Der Wert des intellektuellen Kapitals hatte die des materiellen Kapitals nach Charles Handy (Probst G., Raub S., Romhardt K. 2010) bereits zur Jahrtausendwende um das Drei- bis Vierfache überschritten. Investitionen in die Wissensressourcen sind ungleich profitabler als in materielles Anlagevermögen wie die milliardenschweren Community-Marktplätze Uber oder Airbnb belegen.

Erstaunlich, dass im Land der Ingenieure und des Exportweltmeisters, Wissensmanagement im Mittelstand trotzdem bis heute nur eine untergeordnete Rolle spielt. Auch dass die große Revision der Norm ISO 9001:2015 erst jetzt mit Wissensmanagement eines der wichtigsten Steuerungselemente für Unternehmen aufgreift, ist in Anbetracht der Veränderungen der wirtschaftlichen Rahmenbedingungen und der nicht ausgeschöpften Potenziale (vgl. Abb. 4.1) verwunderlich.

Es bedarf daher eines Werkzeugs für zielfokussierte, einfache, risikominimierende oder risikoabschätzende Entscheidungsgrundlagen unter Berücksichtigung des verfügbaren Wissens im Unternehmen mit hieraus resultierenden mess- und bewertbaren Maßnahmen.

Verändern wir die Perspektive für neue Wege. Stehen zumeist noch die Beschaffung und Produktion, der Verkauf und Versand im Fokus, kristallisieren sich heute als erfolgsrelevante Faktoren Unternehmens-Einflussbereiche heraus. Menschen, Unternehmensbeziehungen und Strukturen/Prozesse sind das sogenannte intellektuelle Kapital Ihres Unternehmens und stellen den eigentlichen und realen Wert Ihres Unternehmens dar, den Investoren für Unternehmen zu zahlen bereit sind. Diese erfolgskritischen Unternehmensfaktoren werden aber in keiner Finanzbilanz aufbereitet oder dargestellt. Sie bedürfen daher einer besonderen Betrachtung.

Hierfür bieten sich aus unserer Erfahrung die Wissensbilanz – Made in Germany[4] und die Komp-A-S-Methode[5] an.

Bei strukturell gleichem Aufbau und ähnlichem Ablauf gehen wir auf die jüngere und weiterführende Komp-A-S-Methode (Abb. 4.3) ein, die über einen Algorithmus verfügt, der dynamische Simulationen von Einflussfaktoren und Maßnahmen ermöglicht. Sie kann als Weiterentwicklung der Wissensbilanz

[4]erschienen 2004, erstellt im Auftrag des BMWi und vom Fraunhofer Institut PKI, Berlin.

[5]erschienen 2013, erarbeitet vom Bundesarbeitskreis InCaS (Intellectual Capital Statement) des IBWF (Institut für Betriebsberatung Wirtschaftsförderung und -forschung e. V.).

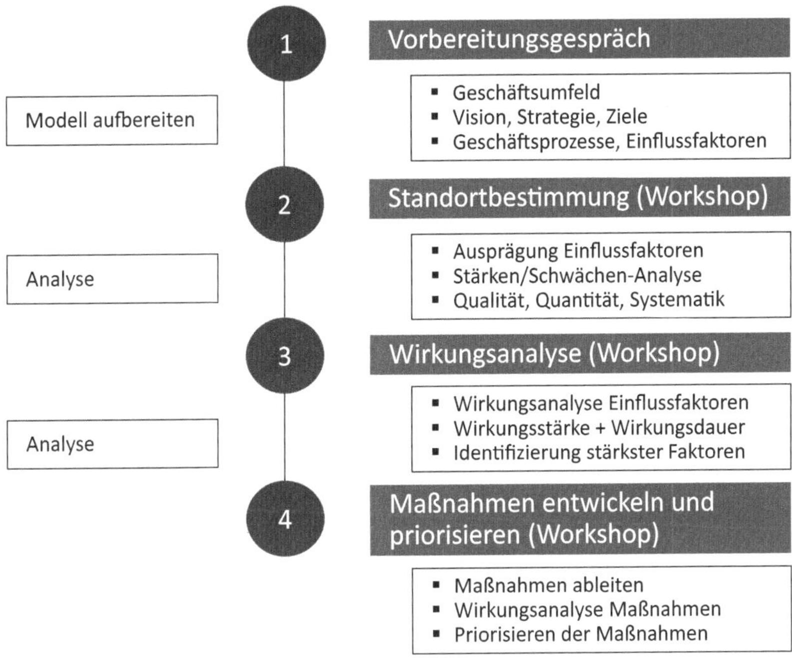

Abb. 4.3 Ablauf der Komp-A-S-Methode ©. (Copyright: Bundesarbeitskreis InCaS, IBWF e. V.)

bezeichnet werden. Letztere sei wegen ihrer Historie und größeren Bekanntheit genannt, wird aber wegen inhaltlicher Doppelungen nicht weiter ausgeführt.

Schritt 1

Ausgangspunkt der Komp-A-S-Methode sind die Vision/Mission, die Strategie und die Ziele, die im Idealfall strategische Meilensteine darstellen. Diese werden ergänzt durch eine Bewertung des Geschäftsumfeldes (Chancen und Risiken) und durch die Bestimmung der unterschiedlichen und unternehmensindividuellen Einflussfaktoren auf das vorgenannte intellektuelle Kapital (Menschen, Unternehmensbeziehungen, Prozesse/Strukturen). Alle Einflussfaktoren werden mit Indikatoren quantifiziert. Dadurch sind erzielte Veränderungen kontinuierlich mess- und nachvollziehbar.

Einige Einflussfaktoren haben eine große Allgemeingültigkeit und werden von sehr vielen Unternehmen genutzt. Sie können später für ein mögliches Benchmark genutzt werden und unterstützen die Unternehmen bei Bestimmung der eigenen Position. Derartige Einflussfaktoren werden in Abb. 4.4 genannt und sind z. B. beim Einflussbereich Mensch seine Fachkompetenz, die Motivation und seine Führungskompetenz.

Ein Team von Mitarbeitern aus allen Abteilungen, die erfolgskritische Schlüsselkompetenzen und/oder Kernprozesse beinhalten, wird zu einem sogenannten Komp-A-S Team zusammengerufen und ist für das Projekt verantwortlich. Dieses Team wird zum Zentrum des Wissenstransfers. Es fungiert gleichzeitig als Multiplikator im Unternehmen.

Schritt 2

Alle Aktivitäten in diesem Prozess fokussieren auf die Unternehmensziele. Dabei nutzt die Komp-A-S-Methode die Kompetenz, das Fachwissen und die Erfahrungen der Teilnehmer. In einem Tages-Workshop werden die Ausprägungen der einzelnen Einflussfaktoren diskutiert und mittels der drei unterschiedlichen Kriterien Qualität, Quantität und Systematik (QQS) die Verfügbarkeit prozentual bewertet.

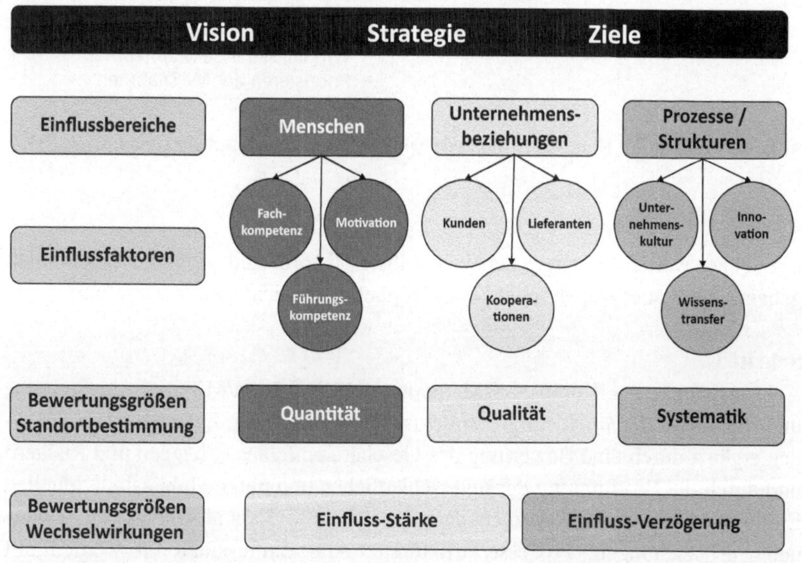

Abb. 4.4 Struktur der Komp-A-S-Methode ©. (In Anlehnung an Bundesarbeitskreis InCaS, IBWF e. V.)

Drei beispielhafte Fragestellungen zum Einflussfaktor Fachkompetenz im Einflussbereich Mensch verdeutlichen die Bedeutung dieser differenzierten Bewertung.

- Quantität: Haben wir ausreichend viele Fachkräfte, um die Ziele zu erreichen?
- Qualität: Ist die Qualität unserer verfügbaren Fachkompetenzen gut genug, um die Ziele zu erreichen?
- Systematik: Betreiben wir Aufbau und Erhalt unserer Fachkompetenz systematisch genug, um die Ziele zu erreichen und Verschlechterungen zu vermeiden?

Mit durchschnittlich 10 bis 15 Einflussfaktoren je Unternehmen à drei QQS-Bewertung erarbeiten die abteilungs- und bereichsübergreifenden Teilnehmer eine repräsentative, stichtagsbezogene gesamtunternehmerische Stärken-Schwächen-Analyse aller Einflussfaktoren. Dies wird mittels unterschiedlichster grafischer Module ausgewertet und dargestellt.

Der strategiebasierte und auf Unternehmensziele fokussierte Ablauf sowie die bereichsübergreifende Einbindung und die zum Ausdruck gebrachte Wertschätzung motiviert und öffnet die Teilnehmer gleichermaßen. Mit diesem Team stabilisieren und vergrößern Sie die Gruppe Ihrer Mitarbeiter mit „Produktiver Energie“ (vgl. Abschn. 3.4 Organisationale Energie), generieren Mitstreiter und reduzieren Silo-Denken.

Es stellt sich nun die Frage, wie mit dieser Stärken-Schwächen-Analyse umzugehen ist. An welchen Faktoren sind Maßnahmen anzusetzen? Was geschieht, wenn sich z. B. ein Faktor durch effektive Maßnahmen verbessert, wie beeinflusst diese Verbesserung die anderen Einflussfaktoren und wie wirkt sie sich in den komplexen Wechselbeziehungen insgesamt aus?

Schritt 3

Jedes Wachstum, jede Veränderung und jede Maßnahme kostet Geld und Ressourcen. Somit ist zu prüfen, ob diese Ressourcen ggf. anders besser eingesetzt werden könnten. Nun ist neurowissenschaftlich belegt, dass wir nicht mehr als 7 Dinge gleichzeitig in unserem Gehirn bearbeiten können. Und genau das ist der Grund für Fehlentscheidungen oder warum auf Basis von Analysen dennoch oft Maßnahmen mit einem Gießkanneneffekt ergriffen werden. Unser Gehirn kann die Komplexität der Wirkungszusammenhänge nicht verarbeiten.

Die Komp-A-S-Methode bedient sich hier einer dynamische Simulation. In einem zweiten Workshop wird ein sogenanntes Wirkungsnetz generiert, das die Wirkungszusammenhänge aller Einflussfaktoren untereinander transparent macht. Damit wird ermittelt, welche Auswirkungen jeder einzelne Einflussfaktor bei Veränderung auf die jeweils anderen Einflussfaktoren hat, differenziert nach drei Wirkungsintensitäten (schwach, mittel, stark) und drei Wirkungszeiträumen (sofort, mittel- und langfristig).

So gelingt es, eine Potenzialanalyse zu erstellen, die diejenigen Einflussfaktoren mit der größten Wirkungsintensität unter Berücksichtigung des jeweiligen Wirkungszeitraumes ausweist.

Die Autoren verfügen zur Auflösung dieser komplexen Wirkungszusammenhänge über Systeme mit entsprechenden Algorithmen.

Schritt 4
Jetzt ist die Grundlage geschaffen, Maßnahmen aus der Portfolio-Analyse abzuleiten, die die wirksamsten Einflussfaktoren betreffen. Doch auch eine Reihe von Maßnahmen kann sehr unterschiedliche Auswirkungen im komplexen Wirkungsnetz erzeugen. Aus diesem Grunde wird auch für die geplanten Maßnahmen eine weitere dynamische Simulation durchgeführt und die Wirksamkeit im Vergleich zu den Einflussfaktoren validiert.

Die Komp-A-S-Methode identifiziert, bewertet und optimiert somit die wichtigsten Einflussbereiche Ihres Unternehmens. Sie fokussiert auf die Strategie und Ziele, bindet alle erfolgsrelevanten Abteilungen des Unternehmens ein, stellt bereichsübergreifende Kommunikation und Wissenstransfer sicher, zeigt Wirkungszusammenhänge auf und generiert hoch effiziente Maßnahmen, die einen kontinuierlichen Verbesserungsprozess starten.

4.5 Komplexe Entscheidungen absichern

Für alle bisher beschriebenen Themenfelder sind Entscheidungen notwendig, ob sie nun strategischer oder operativer Art sind. Zunehmende Komplexität der Themen und vernetzte Inhalte sowie immer kürzere Entscheidungszeiten degenerieren Entscheidungen aber oft von Prozessen zu erfolgskritischen Momenten oder Bauchentscheidungen.

Entscheidungen sind viel komplexer als wir erahnen, da unsere neuronalen Filter die Komplexität von uns fernhalten und auf 7 Dinge reduzieren (vgl. Abschn. 4.4, Schritt 3).

Wie kommen dann Entscheidungen zustande? Welche Gründe und Einflussfaktoren waren bekannt und/oder wurden berücksichtigt? Fanden mögliche Auswirkungen der Entscheidungen nach innen und außen mit ihren gegenseitigen Abhängigkeiten und Einflussnahmen dabei Berücksichtigung? Wurden sie ausreichend erfasst und dokumentiert? Sind die Gründe für unsere Entscheidungen auch noch nach zwei Jahren nachvollziehbar?

Die Berücksichtigung betriebswirtschaftlicher Risiken gewinnt zunehmend an Relevanz und wird zu einem festen Bestandteil von Qualitäts- und Managementsystemen.

Es gibt heute Software-Tools (Neumann K. 2009), die eine einfache Darstellung von komplexen Wirkungszusammenhängen und Wechselwirkungen ermöglichen, die das menschliche Gehirn nicht mehr nachvollziehen kann. Diese Instrumente gewinnen zunehmend an Bedeutung, denn sie machen Entscheidungsprozesse und -grundlagen transparent. Durch die zuvor beschriebene Fähigkeit, komplexe Wirkungszusammenhänge ergebnisorientiert auszuwerten und als Entscheidungsgrundlage darzustellen sowie dabei Wechselwirkungen und Schleifen mit unterschiedlichen Intensitäten und Zeiträumen zu berücksichtigen, werden Ihre Entscheidungen sicherer. Darüber hinaus generieren Sie mit jedem Wirkungsnetz ein Dokument, mit dem Sie auch noch nach Jahren sofort nachweisen und erklären können, auf welcher Grundlage die jeweilige Entscheidung getroffen wurde. Eine aus heutiger Sicht wichtige betriebswirtschaftliche Risikoabschätzung.

Probieren Sie es aus und lassen Sie sich von Ihren Mitarbeitern für jede Entscheidungsvorlage ein Wirkungsnetz erstellen. Das verlangt, über den „Tellerrand“ hinaus zu denken und schafft Transparenz und Sachlichkeit und verbannt jedes Drumherum-Gerede aus den Meetings.

Derartige Werkzeuge sind bestens geeignet, die Veränderungsbereitschaft zu erhöhen, persönliche Verantwortung in der Unternehmenskultur mit Leben zu erfüllen und agile Führung zu praktizieren.

5 Erfolgsfaktor: Agile Führung

Wir haben bereits herausgearbeitet, dass gute Führung bedeutet zu wissen, was zu tun ist, damit die eigenen Mitarbeiter erfolgreicher wirken können. Das verlangt eine Beschäftigung mit den Mitarbeitern, ihren Werten, Sorgen und Bedürfnissen. Gute Führungskräfte wissen, wo jedes Teammitglied steht und wissen auch, wie es angesprochen werden muss – zunächst emotional, dann erklärend, ermunternd und später bestätigend.

Soweit sollte alles verständlich und vollständig sein, warum dann aber noch ein eigenes Kapitel zum Thema Führung, und dann auch noch unter dem Namen „Agile Führung" als eigener Erfolgsfaktor? Und handelt es sich nicht bei Agile wieder nur um ein Modewort? Nein, wir sehen hierin den Turbolader für erfolgreiche Führung in der im Kapitel Überblick beschriebenen VUCA-Welt[1].

5.1 Agilität – keine Modeerscheinung

Laut dem Duden bedeutet agil: beweglich, regsam und wendig und ist damit das Gegenteil von schwerfällig, träge und unbeweglich – so, wie heute noch viele Unternehmen agieren.

Seinen Ausgangspunkt findet die Agilität im „Agile Manifest von 2001" (agilemanifesto.org). Aus großer Unzufriedenheit mit den damaligen Arbeitsbedingungen trafen sich 17 erfahrene Software-Entwickler und diskutierten gemeinsam

[1] VUCA-Welt (volatility, uncertainty, complexity, ambiguity). Eine Welt, die von Unbeständigkeit mit schneller und hoher Schwankungsbreite, Unsicherheit, Komplexität sowie Viel- oder Mehrdeutigkeit geprägt ist.

F. Weber und J. Berendt, *Robuste Unternehmen,* essentials,
DOI 10.1007/978-3-658-18135-2_5

neue Ansätze für besseres Arbeiten. Sie waren es leid, sich an Riesenprojekten aufzureiben. Dickschiffe an Projekten, die viel zu träge für Kursänderungen geworden waren und regelmäßig aufgrund veränderter Rahmenbedingungen Schiffbruch erlitten.

Auch wenn im agilen Manifest von Software-Entwicklung die Rede ist, so finden sich hierin klar verständliche Werte, die agiles Arbeiten beschreiben. Hieraus entwickelten sich dann im Laufe der Zeit verschiedene agile Methoden für die Projektarbeit, z. B. Scrum oder Design Thinking. Dabei wurden nicht alle Konzepte neu erfunden. Vielfach wurde auf den Erkenntnissen der produzierenden Industrie aufgebaut und angepasst sowie angereichert. Impulsgeber war erneut Toyota. Das Unternehmen schuf bereits in den 50er-Jahren wertvolle Grundlagen: Lean Management, fortlaufende Verbesserung (Kaizen) sowie die Konzentration auf Qualität (TQM). Auch Kanban (japanisch für Signalkarte) hatte seinen Ursprung bei Toyota und war ursprünglich ein Steuerungssystem für den Materialfluss.

Allerdings werden Agile, Scrum u. ä. nur Schlagworte bleiben, wenn nicht die notwendigen Inhalte und vor allem Hintergründe vermittelt und verstanden werden. Wenn Mitarbeiter mithilfe agiler Methoden in Gestaltungs- oder Veränderungsprozesse eingebunden werden sollen, müssen sie diese auch akzeptieren und anwenden wollen. Das ist mehr als eine reine Kommunikationsaufgabe. Wieder streifen wir das Thema Kultur. Agile ist mehr als nur Technik, es ist vor allem eine Frage der Haltung und eine Frage des Menschenbildes, welches in einem Unternehmen vorherrscht.

5.2 X oder lieber Y?

Der MIT-Professor für Management Douglas McGregor (McGregor D. 2006) unterscheidet bereits 1960 zwei verschiedene Menschenbilder. Seine Theorie X und Y basiert auf zwei unterschiedlichen Annahmen, was Menschen motiviert.

Während X davon ausgeht, dass der Mensch von Natur aus faul ist, basiert Y auf der Annahme, dass Menschen grundsätzlich ehrgeizig sind, sich entwickeln wollen und einen Beitrag leisten möchten. Y Menschen sehen ihre Arbeit als Quelle der Zufriedenheit und sie haben Freude an ihrer Leistung. Sie sind intrinsisch motiviert, können sich selber organisieren und verordnen sich zur Erreichung ihrer Ziele Disziplin und Eigenkontrolle. Kreativität und Verantwortungsbewusstsein sind ihnen ebenfalls zu eigen. Während hingegen der Xer ausschließlich extrinsisch motiviert ist und durch Vorgaben geführt wird. Belohnung und Sanktion unterstützen den Führungsprozess des X-Typen.

So ist es kein Wunder, dass das X-Menschenbild die Grundlage der traditionellen hierarchischen Führung von Unternehmen ist (siehe Hierarchie- und Marktkultur). Agile Führung dagegen fußt auf dem Menschenbild der Theorie Y und baut auf die Kräfte des intrinsisch motivierten Menschen. Diese Führung ist postheroisch. Der Begriff des „postheroischen Managements" geht auf Charles Handy zurück.

Hiernach steht das Management vor einer kopernikanischen Wende in der Personalführung. Diese geht einher mit einem völlig veränderten Rollenverständnis von Führendem und Geführten. Handy zeigt den Weg weg von der heldenhaften hin zur dienenden Führungskraft, die unterstützend wirkt und die Entfaltung von Potenzialen ermöglicht und Sinn gibt. Die Helden hingegen lieben starre Prozesse, Vorgabe und Kontrolle sowie Rang und Autorität. Postheroische Manager dagegen wirken über Interdisziplinarität, Kollaboration, Vernetzung und Selbstorganisation der Mitarbeiter. Vorbei die Zeiten starrer Organisationen und endloser Langfristpläne. Stattdessen herrscht das Prinzip der Kurzfristigkeit: Entscheidungen müssen schnell getroffen und umgesetzt werden.

5.3 ...und Sie ...

...denken gerade an die zahlreichen Gründe, weshalb diese Form der Personalführung NICHT funktioniert? Ertappt! Genau dann sollten Sie sich damit auseinandersetzen. Ihr Unternehmen braucht eine agile Führung, wenn es robust und damit zukunftsfähig sein soll.

Wir meinen, dass die Theorie Y und die postheroische Führung die Antworten auf die Herausforderungen der heutigen Welt geben. Sie versetzen Ihre Mitarbeiter dann in die Lage mit Volatilität, Unsicherheit, Komplexität und Vieldeutigkeit umgehen zu können und nicht nach Sicherheit zu streben, welche es immer weniger gibt.

Agile Führung basiert auf einem menschenzentrierten Bild von Unternehmen. Agile Führungskräfte erkennen, dass ihre Mitarbeiter unterschiedlich sind und dass diese Individualität hohen Nutzen für das Unternehmen stiften kann. Unsere Gespräche mit Führungskräften und Unternehmern zeigen aber, dass die Abkehr vom paternalistischen Scientific Management Taylors nicht einfach ist.

Agile, das bedeutet, flexibel und dynamisch auf Rahmenbedingungen zu reagieren, die sich permanent in Veränderungen befinden. Agile bedeutet, Verschiedenartigkeit nicht nur zuzulassen sondern diese auch zu schätzen sowie Offenheit und Transparenz zu fördern. Agile bedeutet, loszulassen und auf die Selbstorganisationsfähigkeit des Teams zu vertrauen. Wenn ein Großteil der

Entscheidungen von den Team-Mitgliedern getroffen wird, bedeutet das nicht, dass Führungskräfte überflüssig werden. Deren Rolle ändert sich. Agile Führungskräfte rekrutieren kompetente Teams, stehen diesem beiseite und handeln als Mentoren oder Moderatoren. Mitarbeiter werden zu Gestaltern von etwas Neuem. Wo einst Vorgabe, Kontrolle und Hierarchie bestimmend waren, rücken Vertrauen und Partizipation nach.

Doch das erfordert bei allen Beteiligten – Führungskräfte und Mitarbeiter – einen erheblichen Veränderungswillen sowie eine neue Arbeitskultur.

Welche Werte und Prinzipien diese Kultur prägen:
Agile Werte

- Offene und transparente Kommunikation vor Schönrednerei
- Befähigung und Vertrauen vor Vorgabe und Kontrolle
- Selbst organisiertes Arbeiten vor detailliertem Micro-Management
- Individuelle Fähigkeiten vor Standardisierung
- Kontinuierliche Weiterentwicklung vor Vollauslastung der Mitarbeiter
- Mitarbeiterbegeisterung vor Gewinnoptimierung
- Fortlaufende Prozessverbesserung vor eingefahrenen Abläufen

Agile Prinzipien

- Mitarbeiter kommen an erster Stelle
- Mitarbeiter passen zum Unternehmen und nicht das Unternehmen zum Mitarbeiter
- Mitarbeiter werden optimal nach Begabung und Interessen eingesetzt
- Mitarbeiter begeistern sich für ihre Aufgaben und Kunden
- Mitarbeiter werden gefördert, sich weiterzuentwickeln
- Mitarbeiter werden dazu ermutigt, konstruktives Feedback zu geben
- Mitarbeiterführung muss gezielt und adäquat direkt oder indirekt erfolgen
- Das Unternehmen bringt einen hohen Nutzen für seine Kunden
- Das Unternehmen muss stets überlebensfähig sein

(Darstellung in Anlehnung an das Agile Manifest von 2001)

Agile ist damit zunächst eine Frage der Haltung und in zweiter Linie erst von Tools wie Scrum oder Design Thinking. Der Einsatz erlaubt dann vom Denken ins Handeln zu kommen, vorausgesetzt, die Einstellung stimmt. Die einzelnen agilen Tools werden aufgrund der Kürze dieses Buches nicht vertieft. Weiterführende Informationen finden sich auf der Webseite zu diesem Buch[2].

5.4 Mit vier Schritten zur agilen Führung

Nachdem nun geklärt ist, dass Agilität keine Modeerscheinung ist, sie auf einem bestimmten Menschenbild fußt und die Verwirklichung von Werten und Prinzipien voraussetzt, lässt sich die Umsetzung von Agile Führung in vier Schritten beschreiben (Abb. 5.1).

Schritt 1 – agile Führung nimmt ihren Ausgangspunkt bei der Führungskraft selbst. Der erste Schritt besteht daher in der Eigenentwicklung – Lerne dich selber zu führen, bevor du andere führst. Kernelement eines Agile Leaders ist die Verpflichtung Vorbild zu sein und die zuvor beschriebenen Werte und Prinzipien zu verinnerlichen und vorzuleben. Dafür Sorge zu tragen, dass Worte und Taten kongruent und alle Aussagen im Zeitablauf konsistent sind. Nur so entsteht das nötige Vertrauen von Mitarbeitern.

In diesem Kontext sei auf die positive Wirkung von externem Coaching hingewiesen. Einer besonders intensiven Form der Führungskräfteentwicklung, bei der die Coaches mithilfe eines Coaches ein individuelles Curriculum entwickeln, das sich aus dem Spannungsfeld ihrer derzeitigen Potenziale und ihrer zukünftigen Ziele ergibt. Der externe Coach ist unabhängig. Zwischen der Führungskraft und ihm besteht ein Verhältnis von freien Partnern, welches auf wechselseitigem Vertrauen basiert. Im Bildungs- und Personalbereich größerer Unternehmen ist Coaching inzwischen ein fester Bestandteil. Dort sind die Zeiten vorbei, in denen man als Manager mit Macken galt, wenn man einen externen persönlichen Ratgeber nachfragte – im Gegenteil ist es heute eher ein Makel zu meinen, derart vollkommen zu sein, dass man seinen Job ohne Coach bewältigen könnte. Denn Coaching ist immer dann sinnvoll, wenn eine Führungskraft alleine nicht weiter weiß und einen neutralen Blick oder Ideen von außen benötigt. Dabei versucht der Coach durch beständiges Rück- und Hinterfragen, Impulse zu geben und auf die Verbesserungen vorhandener Stärken hinzuarbeiten. So sinnvoll das Coaching

[2]http://robuste-unternehmen.de.

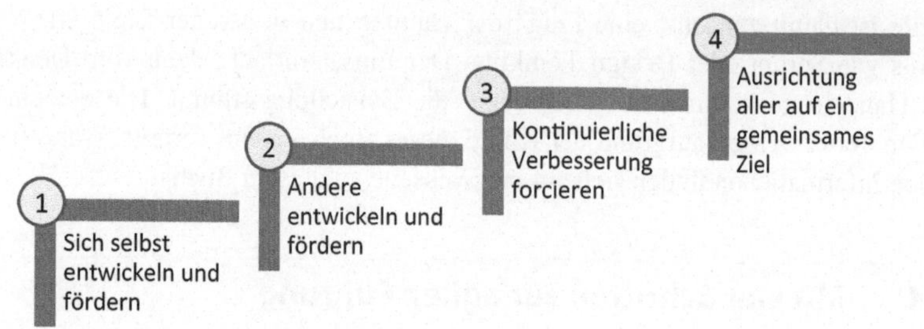

Abb. 5.1 Vier Schritte agiler Führung

als Instrument zur Aufdeckung und Stärkung vorhandener Potenziale ist, so schwer[3] ist es zugleich einen guten Begleiter zu finden.

Oftmals aber finden Führungskräfte bei ihrer Eigenentwicklung auch Antworten im eigenen Unternehmen. Die Kollegiale Fallberatung ist beispielsweise eine Technik, mit der das Wissen und der Rat von Kolleginnen und Kollegen strukturiert und ohne Einschaltung eines externen Beraters zielorientiert abgeschöpft werden kann. Sich im Kreise von anderen Führungskräften zu öffnen erfordert natürlich eine gute Portion an Offenheit, Respekt und auch Mut. Das alles sind aber Eigenschaften, die sich unmittelbar aus den agilen Werten und Prinzipien ableiten lassen. Wir führen die Technik der Kollegialen Fallberatung sehr gerne bei unseren Kunden ein. Sie senkt die Kosten für externe Beratung, verselbstständigt das Unternehmen und bietet zudem einen idealen Rahmen, Agilität zu üben.

Sich selber zu führen bedeutet ergänzend Klarheit über die eigenen Motive, Bedürfnisse, Werte und Glaubenssätze zu haben. Ein gutes Verständnis darüber, was einen intrinsisch oder extrinsisch motiviert, ist wichtig, den persönlichen Fingerabdruck für authentische Führung zu entschlüsseln. Diverse Analysetools helfen zu identifizieren, wie es um die eigene Motivation und deren Quellen steht. Flankierend macht persönliche Wertearbeit der Führungskraft bewusst, was ihr im Kern wichtig ist. Welche Werte bestimmen das eigene Denken und Handeln und wie steht es um die eigene Identität und gar die eigene Lebensvision. Authentische Führung und Vorbildfunktion setzen voraus, die eigenen Bedürfnisse und Werte sowie deren Grenzen zu kennen. Wir finden, Erfolg braucht Haltung. Eine

[3]Hilfestellung zur Auswahl von Agile Coaches: http://robuste-unternehmen.de.

solche Wertearbeit ist Bestandteil eines guten Coachings, lässt sich aber auch alleine oder mit einem kollegialen Kopiloten bearbeiten.

Schritt 2 zur Etablierung agiler Führung im Unternehmen ist die Entwicklung anderer Personen – eigener Mitarbeiter oder auch Kolleginnen oder Kollegen auf der Führungsebene. Im Zentrum dieser Arbeit steht die Erforschung, Stärkung und Entwicklung von Kompetenzen. Aber auch die Ermächtigung und Befähigung von Mitarbeitern oder Teams ist Bestandteil dieses Schritts und das Schaffen von Rahmenbedingungen für Engagement und Motivation. Bei letzterem stehen Wertearbeit, die Klärung von Rollen und Erwartungshaltungen, lebensphasenorientierte Führungsarbeit und auch flexible Gehaltskonzepte auf der Agenda. Kern aller Überlegungen und Maßnahmen dieses zweiten Schritts ist, Potenziale und Kompetenzen von Menschen und Teams zu erkennen und zu fördern, um diese dann im Sinne des Unternehmensziels zu nutzen.

Schritt 3 besteht darin, den Willen zur kontinuierlichen Verbesserung zu forcieren. Dieser Schritt hat seine Wurzeln im Japanischen Kaizen (Kai = Veränderung, Wandel; Zen = zum Besseren). Aus diesem Namen lassen sich die beiden Stoßrichtungen ableiten – rasch auf veränderte Rahmendaten reagieren und die Dinge besser machen. In der westlichen Betriebswirtschaftslehre fand Kaizen seinen Niederschlag über den Begriff Kontinuierlicher Verbesserungsprozess (KVP) im Qualitätsmanagement. Dabei stehen die kontinuierliche Qualitätssteigerung und Kostensenkung im Vordergrund der Bemühungen. Wir greifen bei unseren Überlegungen auf die japanische Sichtweise zurück und sehen hierin eine stetig-inkrementelle Verbesserung aller unternehmerischen Disziplinen. Der Grundgedanke von Kaizen wird im Standardwerk von Masaaki Imai (Imai M. 1996) bestens beschrieben und wird zur vertiefenden Lektüre empfohlen.

Nach unserem Verständnis soll durch die kontinuierliche Verbesserung eine höhere Identifikation der Mitarbeiter mit dem Unternehmen erreicht werden, was zu einer stetigen Verbesserung der Wettbewerbsposition beiträgt. Das bedeutet neben den notwendigen strukturellen Aufgabenstellungen (z. B. gemeinsames Verständnis von Rollen, Prozessen und Ergebnissen) auch die Herausforderung eine Verbesserungskultur zu etablieren. Unterstützt wird dieser Prozess von einer Reihe probater Instrumente[4].

Gerade der kulturelle Aspekt dieses dritten Schrittes ist nicht zu unterschätzen. Denn es bedeutet eine Art von positiver Unzufriedenheit im Unternehmen

[4]Für die weitere Recherche: 6-W-Hinterfragetechnik und die Vermeidung der 3 Mus, 4M-Checkliste, PDCA-Zyklen oder Innovationstage.

zu etablieren. Nichts ist perfekt und damit steht ständig alles auf dem Prüfstand – Ziele und Strategien genauso wie die Organisation und Abläufe sowie Kompetenzen und Erwartungen. Das funktioniert besonders gut in Unternehmen, die eine definierte Fehlerkultur und viel Spielraum für Kreativität haben bzw. über eine Familien- oder Adhocratiekultur verfügen.

Schritt 4 wird in der angelsächsischen Literatur häufig mit Alignment beschrieben. Die Ausrichtung einzelner Individuen im Unternehmen an einem gemeinsamen Ziel oder einer gemeinsamen Vision. Dieses umgangssprachliche „Wir ziehen alle an einem Strang" erlaubt, dass Mitarbeiter und Teams zur Verwirklichung eines gemeinsamen Ziels mit Eigeninitiative und selbstständig wirken können, um die Reaktionsgeschwindigkeit deutlich zu erhöhen. Dieser Prozess verläuft in drei Etappen:

a) Schaffen einer kraftvollen und attraktiven Vision
b) Erarbeiten einer Strategie zur Verwirklichung dieser Vision
c) Schaffen eines normativen Rahmengerüstes[5]

Dieses ist sowohl eine inhaltliche als auch eine kommunikative Herausforderung. Es sind Instrumente und Systeme zu verwenden, die die Vision oder (für die, die das Wort nicht mögen) das Zielsystem definieren und dann schrittweise in Strategien herunterbrechen. Gleichzeitig aber muss es auch sprachlich einfach und attraktiv formuliert sein. Nichts bringt eine detaillierteste Strategie, wenn man sie nicht erklären oder wiedergeben kann. Ein Elevator Speech[6] z. B. ist eine probate Methode um eine Vision oder eine Strategie in wenigen Sätzen auf den Punkt zu bringen.

Agile Führung geht damit über das etablierte Führungsverständnis hinaus. Es basiert auf einem intrinsisch motivierten Menschenbild (Theorie Y) und bestimmten Werten und Prinzipien. Die Umsetzung erfolgt in vier Schritten und ist wesentliche Voraussetzung für eine schnelle Reaktionsfähigkeit auf sich ständig wandelnde Herausforderungen und einem Überleben in einer Welt voller schnelllebiger Veränderungen.

[5]Definition einer eigenen agilen Unternehmenskultur unter Beachtung der agilen Werte und Prinzipien.

[6]Der Kerngedanke dieser Vorgehensweise basiert auf der Idee, eine wichtige Person in einem Aufzug zu treffen und diese dann während der Dauer eines Aufzugaufenthalts von einer Idee überzeugen zu können. Ist die Idee überzeugend genug vorgestellt worden, wird das Gespräch weitergeführt oder man verabredet sich zu einem weiterführenden Meeting.

Was Sie aus diesem *essential* mitnehmen können

Wir haben in diesem Buch 5 Erfolgsfaktoren definiert, mit denen Sie sich auf die Herausforderungen der neuen Welt vorbereiten. Deren Umsetzung Ihr Unternehmen robust werden lässt in einer Welt, in der dauerhafte Unruhe die Realität und Stabilität eine Illusion ist.

Jeder Erfolgsfaktor wirkt für sich. Im Zusammenspiel (siehe Abb. A1 „Fünf Erfolgsfaktoren robuster Unternehmen") aber entfalten sie aber ihre ganze Kraft. Wenn Sie nicht wissen, wo Sie anfangen sollen, so legen Sie Ihren Startpunkt bei der Unternehmenskultur und schaffen Sie ein starkes wertebasiertes Rückgrat für Ihr Unternehmen. Das wird Ihnen deutlich erleichtern, die anderen Faktoren umzusetzen.

Aufgrund des Charakters dieses *essentials* haben wir viele Themen nur angerissen. Sind Sie neugierig geworden? Fein, damit ist der erste Schritt zur Umsetzung gemacht. Viel Erfolg wünschen Ihnen Frank Weber und Joachim Berendt.

Abb. A1 Fünf Erfolgsfaktoren robuster Unternehmen

F. Weber und J. Berendt, *Robuste Unternehmen*, essentials,
DOI 10.1007/978-3-658-18135-2

Literatur

Bücher und Zeitschriften

Bruch, Heike, Vogel Bernd (2011) Fully Charged. Havard Business Review Press, Boston

Cameron, Kim S., Quinn, Robert E. (2011) Diagnosing and Changing Organizational Culture. Jossey-Bass, San Fransisco

Cap Gemeni Consulting (2010) Change Management Studie – Business Transformation – Veränderungen erfolgreich gestalten

Connors, Roger, Smith, Tom (2012) Change the Culture Change the Game

Doppler, Klaus, Lauterburg, Christoph (2005) Change Management – Den Unternehmenswandel gestalten. Campus, Frankfurt

Imai, Masaaki (1996), Kaizen. Der Schlüssel zum Erfolg der Japaner im Wettbewerb, Ullstein,

Leitl, Michael, Sackmann, Sonja (1/2010) Unternehmenskultur als Erfolgsfaktor, Harvard Business Manager (37–45)

McGregor, Douglas (2006), The Human Side of Enterprise, McGraw-Hill, New York

Neumann, Kai (2009) Know-Why Management kapiert Komplexität, Books on Demand GmbH, Norderstedt

Ohno Taiichi (1993) Das Toyota-Produktionssystem. Campus, Frankfurt am Main

Pawlowsky, Peter (2011) Wettbewerbsfaktor Wissen, eine repräsentative Unternehmensbefragung zum Status quo, im Auftrag des Bundesministeriums für Wirtschaft und Technologie

Prahalad C.K. (6/2010) Warum Wandel so schwer fällt. Harvard Business Manager 20–21

Probst, Gilbert, Raub, Steffen, Romhardt, Kai (2010) Wissen managen: Wie Unternehmen ihre wertvollste Ressource optimal nutzen, Gabler Verlag

Quinn, James Brian (1993) Managing the intelligent enterprise: Knowledge and service-based strategies, in: Planning review, Jg. 1993, Bd. 21, Nr. 5, S. 13–16

Sackmann, Sonja A (2004) Erfolgsfaktor Unternehmenskultur. Gabler, Wiesbaden

Watson jr, Thomas J. (1966) IBM, ein Unternehmen und seine Grundsätze, verlag moderne industrie

Weber, Frank (2/2016) Schattenwesen Culture Due Diligence. Kredit & Rating Praxis. 52–54

Weber, Frank (3/2012) Change Management und der Ritt auf der Welle. Perspektiven 03-04. 16–17

Weber, Frank (7/2012) Gegenwind – Der Umgang mit Widerständen. Perspektiven 07-08. 18–19

F. Weber und J. Berendt, *Robuste Unternehmen,* essentials,
DOI 10.1007/978-3-658-18135-2

Webseiten

http://www.harvardbusinessmanager.de/blogs/a-898305.html (Zugegriffen 18.1.2017)
https://www.haufe.de/marketing-vertrieb/vertrieb/mitarbeiterfuehrung-fehlendes-wissen-groesster-motivationshemmer_130_285776.html#! (zugegriffen am 26.2.2017)
http://agilemanifesto.org/iso/de/manifesto.html (zugegriffen am 27.1.2017)